사랑, 언제까지나 스러지지 않는

Anselm Grün
DAS HOHELIED DER LIEBE

© Vier-Türme GmbH Verlag, Münsterschwarzach 2008
All rights reserved.

Translated by Lee Jong-Han
Korean translation copyright © 2013 by Benedict Press
Waegwan, Korea.

This edition published by arrangement with Vier-Türme GmbH,
Münsterschwarzach, Germany.

사랑, 언제까지나 스러지지 않는
2013년 3월 초판
2017년 6월 4쇄
옮긴이 · 이종한
펴낸이 · 박현동
펴낸곳 · 성 베네딕도회 왜관수도원 ⓒ 분도출판사
찍은곳 · 분도인쇄소
등록 · 1962년 5월 7일 라15호
04606 서울시 중구 장충단로 188(분도출판사)
39889 경북 칠곡군 왜관읍 관문로 61(분도인쇄소)
분도출판사 · 전화 02-2266-3605 · 팩스 02-2271-3605
분도인쇄소 · 전화 054-970-2400 · 팩스 054-971-0179
www.bundobook.co.kr
ISBN 978-89-419-1303-0 03230

이 책의 한국어판 저작권은
Vier-Türme GmbH와 독점 계약한 분도출판사에 있습니다.
저작권법에 의해 한국 내에서 보호를 받는 저작물이므로
무단 전재와 무단 복제를 금합니다.

사랑, 언제까지나 스러지지 않는

안셀름 그륀 지음   이종한 옮김

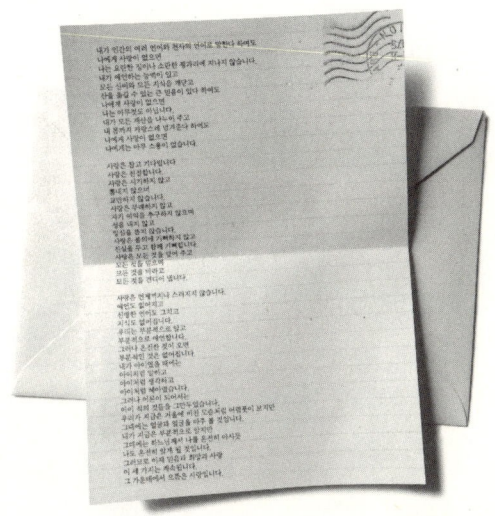

분도출판사

차례

들어가며   7

바오로의 사랑 노래: 코린토 1서 13장   23

솔로몬의 사랑 노래: 아가雅歌   113

사랑 노래와 철학   127

사랑 노래와 심리학   139

사랑 노래와 부부상담   173

나오며   203

참고문헌   207

들어가며

사람은 누구나 사랑하고 사랑받기를 갈망합니다. 인간의 이러한 근원적 갈망은 예로부터 시와 노래, 이야기와 그림, 조각 등으로 표현되어 왔습니다. 결국 모든 예술은 사랑이라는 주제를 맴돌기 마련입니다. 우리는 이것을 음악으로 듣고 미술로 보게 되는 것이지요. 하지만 사랑은 인간이 결코 온전히 이해할 수 없는 신비에 머물기도 합니다. 우리는 사랑이라는 선물에 고마움을 느끼지만, 사랑을 향한 갈망이 충족되지 않으면 이내 슬픔에 빠집니다. 사랑은 매혹적이지만 깊은 상처를 남기기도 합니다. 누구나 사랑이 무엇인지 압니다. 그럼에도 진정으로 사랑한다는 것은 어려운 일입니다. 사랑하는 법을 배우려면 나름의 기술이 필요합니다. 모든 문화에는 저마다 사랑을 이루는 법을 가르쳐 주는 지혜가 전해 오기 마련이고, 이것은 언제나 언어 속에 스며들어 있습니다.

독일어에는 사랑의 신비를 표현하는 단어가 '사랑'(Liebe) 하나밖에 없습니다. 남녀 간의 사랑, 친구 간의 사랑, 이웃 간의 사랑, 자신에 대한 사랑, 자식에 대한 부모의 사랑, 우리에 대한 하느님의 사랑, 하느님에 대한 우리의 사랑 등 사랑의 형태는 다양합니다. 이렇듯 다양한 사랑에는 분명 하나의 공통된 핵심이 있는데, 욥은 그것을 '좋은 것'이라 했습니다. '좋은 것'은 '믿는다'는 말과 '칭찬하다'는 말 속에도 숨어 있습니다. 믿는다는 것은 다른 사람의 좋은 점을 알아보는 것입니다. 칭찬한다는 것은 그 좋은 점을 드러내 말하는 것입니다. 그리고 사랑한다는 것은 다른 사람의 좋은 점에 마음이 끌리고 호감을 느껴서 그 사람에게 호의를 베풀고 다정히 교제하는 것입니다.

그리스인들은 사랑을 에로스*eros*와 필리아*philia*와 아가페*agape*로 구별했습니다. 에로스는 욕망하는 사랑으로 주로 남녀 간의 사랑을 뜻합니다. 필리아는 친구에 대한 사랑으로 친구가 있음을 기뻐하는 것입니다. 그리고 아가페는 이웃에 대한 사심 없는 사랑, 하느님을 향한 우리의 사랑, 인간을 향한 하느님의 사랑입니다. 이렇듯 그리스인들에게 사랑은 세 가지로 각기 다른 양상을 보이지만, 또한 서로 긴밀히 관계를 맺기도 합니다. 아가페가 생동하기 위해서는 에로스도 필요하고 다른 사람의 존재를 기뻐하는 필리아도 필요합니다. 마찬가지로 에로스도 친구에 대한 사랑이나 하느님께서 우리에게 주신 사랑과 무관하지 않습니다.

신약성경은 예수 그리스도의 관점에서 사랑의 신비에 대한 물음에 답합니다. 신약성경 저자들은 나자렛 예수로부터 사랑이 무엇인지, 그리고 사랑이 우리 삶을 어떻게 규정하려고 하는지 깨달았습니다. 신약성경 저자들은 그들이 남긴 기록을 통해 우리가 사랑을 체험하고 사랑의 기술을 배울 수 있는 길을 보여 줍니다. 그들은 무엇보다 아가페의 신비에 주목하는데, 순수한 사랑이자 신적인 사랑인 아가페는 일차적으로 인간에게 주어진 요구가 아니라 하느님께서 주신 선물, 나아가 하느님의 고유한 본질입니다. 그래서 사랑에 대한 신약성경의 가르침은 요한 1

서의 말씀에서 정점에 이릅니다. "하느님은 사랑이십니다. 사랑 안에 머무르는 사람은 하느님 안에 머무르고, 하느님께서도 그 사람 안에 머무르십니다"(1요한 4,16). 여기서 이 말씀을 뒤집어 읽어서는 안 됩니다. 단순히 '사랑은 하느님이십니다'라고 말할 수는 없습니다. 요한이 말하고자 하는 바는 하느님의 깊디깊은 본질이 사랑이라는 것입니다. 그렇지만 사랑을 베풀고 사랑을 맛보는 사람이라면, 누구나 그 안에서 하느님의 신비를 일부분 체험하게 됩니다.

하느님은 당신의 본질에서부터 사랑이십니다. 그분은 인간을 사랑하십니다. 그분은 사랑으로 말미암아 세상을 창조하셨고, 당신께서 지으신 인간과 함께 나누고자 하셨습니다. 또한 당신의 아들도 사랑으로 말미암아 인간에게 보내셨습니다. 요한 복음서에 따르면 하느님께서 인간이 되신 까닭은 사랑입니다. "하느님께서는 세상을 너무나 사랑하신 나머지 외아들을 내주시어, 그를 믿는 사람은 누구나 멸망하지 않고 영원한 생명을 얻게 하셨다"(요한 3,16). 하느님은 자기 자신을 잃어버린 모든 이에게 찾아가시어, 그들이 참되고 영원한 삶을 되찾도록 하셨습니다.

하느님의 사랑은 당신 아들의 사랑으로 드러났고, 당신 아들의 사랑은 죽음으로 더없이 온전히 드러났습니다. "그분께서는 이 세상에서 사랑하신 당신의 사람들을 끝까지 사랑하셨다"(요한 13,1). 하느님의 사랑이 성령을 통해 우리 마음에 부어졌으니, 우리 인간은 당신의 사랑에 참여할 수 있습니다(로마 5,5 참조). 예수님의 마음에서 당신의 영이 흘러나와 우리의 마음을 사랑으로 가득 채웁니다. 그리스도를 특징짓는 이러한 사랑을 그분은 마지막까지 우리에게 몸소 보여 주셨습니다.

예수님의 죽음에서 흘러나와 우리의 마음을 가득 채우는 사랑인 아가페는 우리의 삶을 통해 밖으로 드러나고자 합니다. 아가페는 하느님과 이웃에 대한 우리의 사랑을 통해 뚜렷이 드러나고자 합니다. 하지만 아가페는 행동 이상의 것입니다. 아가페는 실존입니다. 그리스도 안에 머무르는 새로운 실존이고, 또한 모든 존재의 완성이자 깊디깊은 의미이지요. 그리스 교부들은 성경의 언설을 사랑에 대한 그리스철학의 통찰과 연결 짓고자 했습니다. 그리스철학은 도덕적으로 사유하기보다 형이상학적으로 사유했습니다. 그리스철학에서 무엇보다 중요시한 것은 존재, 즉 모든 존재의 근원이었습니다. 플라톤은 모든 존재의 근원을 사랑으로 보고 에로스에 대해 논했습니다. 플라톤에게 에로스는 욕망하는 사랑이 아니라 모든 것을 서로 결합하고 일치시키는 강력한 힘입니다. 에로스는 일치를 향한 충동입니다.

교부들은 에로스에 대한 플라톤의 교설을 배경으로 아가페에 대한 신약성경의 언설을 해석했습니다. 에로스와 아가페의 대립을 극복하고자 했지요. 교부들은 하느님의 아가페(라틴어로는 caritas 또는 dilectio)뿐 아니라, 인간에 대한 하느님의 사랑을 특징짓는 에로스(amor)에 대해서도 언급했습니다. 그래서 오리게네스는 "하느님은 아가페이십니다"라는 요한의 정의를 "하느님은 에로스이십니다"라고 바꿔 말할 수 있었습니다. 하느님께서 인간을 열정적으로 사랑하신다는 것이지요. 하느님을 향한 우리의 사랑도 에로스의 열정으로 특징지어져야 합니다.

나는 이것을 단지 신학사에나 나오는 문제로 생각하지 않습니다. 하느님께서 선사하신 사랑, 성령을 통해 우리 안에서 작용하는 사랑을 육체적 사랑과 관련짓고, 또 에로스와 관련지으려는 노력이 여기에 있습니다. 에로스가 없으면 하느님을 향한 우리의 사랑도 생기를 잃고, 우리를 향한 하느님의 사랑을 입에 담는다 해도 무력하기만 합니다. 에로스가 없으면 이웃에 대한 우리의 사랑도 권태로워집니다. 우리는 우리 자신을 매혹하고, 또 압도하는 사랑을 체험할 때가 있습니다. 이러한 인간적 체험을 아가페의 신비에 대한 성경의 언설과 연결 지어야만 우리는 사랑의 신비를 올바로 맞이할 수 있습니다. 예수 그리스도를 통해서 우리는 하느님의 본질을 이루는 아가페에 참여합니다.

신학사를 보면 에로스와 아가페라는 두 대극을 연결 지으려는 노력은 쉼 없이 계속되어 왔습니다. 이것이 의미하는 바는 심리학적 관점으로만 사랑을 논하기보다, 영적 차원을 늘 유념해야 한다는 것입니다. 중세 신학자 요한네스 스코투스 에리우게나에 따르면 사랑(아모르)은 삼라만상을 움직이는 자연의 힘이고, 하느님은 궁극적으로 모든 사랑의 근원이십니다. 사랑은 우리 인간을 움직입니다. 우리 인간을 서로에게 다가가게 합니다. 사랑은 역사를 움직이는 근원적인 동인입니다. 이러한 사랑의 근원에서 마침내 우리는 사랑이신 하느님을 만나게 됩니다.

사랑에 대해서라면 이미 수없이 성찰되고 기록되어 왔기 때문에, 사랑에 대한 인간의 지식을 모두 말로 옮긴다거나, 나아가 무언가 새로운 것을 말한다는 것은 어려운 일입니다. 그래서 나는 이 작은 책에서 바오로 사도가 코린토 1서 13장에서 노래한 사랑에 집중하고자 합니다. 코린토 1서 13장은 신약성경의 주요 텍스트 가운데 하나입니다. 이 텍스트를 혼인미사 독서로 선호하는 신랑 신부가 많습니다. 그들은 사랑에 대한 이 아름다운 말씀에 감동하여 바오로 사도가 자신들의 사랑을 묘사하고 있다고 느끼지요. 물론 이 말씀은 부부 간의 사랑의 신비를 표현하기도 합니다. 하지만 텍스트 자체가 말하는 것은 남녀 간의 사랑도, 이웃에 대한 사랑도, 자신에 대한 사랑도, 하느님의 사랑도 아닙니다. 여기서 사랑은 어디까지나 인간 내면에 있는 능력이자 힘입니다. 나는 이것을 철학적으로 설명할 수 있습니다. 또는 (바오로 사도처럼) 성령의 선물로 이해할 수 있습니다. 하느님은 예수 그리스도를 통해 당신 영을 우리에게 선사하셨습니다. 그리고 이 영은 사랑의 영입니다. 우리 내면에는 사랑의 샘이 솟아나고 있습니다. 하느님의 선물인 이런 사랑은 남녀 간의 사랑이나 친구 간의 사랑은 물론, 우리가 알고 있는 모든 형태의 사랑으로 구체적으로 표현될 수 있습니다. 바오로 사도에게 사랑은 카리스마, 즉 하느님께서 우리에게 은총으로 내려 주신 선물입니다. 사랑은 새로운 방식으로 삶을 살아가게 하는 능력입니다. 또한 바오로 사도에게 사랑은 하느님께서 예수 그리스도를 통해 우리에게 주시는 가장 고귀한 은사입니다.

나는 혼인미사 복사를 서며 코린토 1서 13장에 대한 강론을 들을 때마다 너무 아름답기만 해서 다소 '비현실적'이라는 생각이 들었습니다. 때로는 사제가 신랑 신부에게 결코 감당하지 못할 요구를 한다는 인상도 받았습니다. 코린토 1서 13장은 대개 도덕적으로 해석되었습니다. "당신 자신을 생각해서는 안 됩니다. 언제나 양보해야 합니다. 모든 것을 사랑으로 덮어 주어야 합니다." 그저 낭만적이고 세상 물정 모르는 주례사였지요.

나는 코린토 1서 13장을 철학적·심리학적 배경에서 설명하고자 합니다. 또한 우리 모두가 각자의 삶에서 마주하는 '사랑하고 사랑받는 체험'에 거듭 적용하고자 합니다. 그러면 바오로 사도의 말씀은 지금 사랑하고 있는 사람만이 아니라, 사랑을 갈망하지만 기대만큼 맛보지는 못하는 사람에게도 기쁜 소식이 될 것입니다. 바오로 사도의 말씀은 사랑에 환멸을 느끼는 사람에게도 그들이 마음속으로 느끼고 있는 것을, 그들이 마음속에 간직하고 있는 것을 일깨우고자 합니다. 누구나 각자의 내면에 사랑의 샘을 간직하고 있습니다. 지금은 비록 덮여 있거나 메말라 있더라도 분명히 있습니다. 바오로 사도가 코린토 신자들에게 보낸 이 편지는 모든 사람에게 기쁜 소식을 마련해 놓았습니다. 사랑은 누구에게나 있고, 사랑은 누구의 삶이나 변화시킨다는 것을 이 편지가 가르쳐 주는 까닭입니다.

　동시에 나는 코린토 1서 13장을 더 넓은 지평에서 바라보고자 합니다. 바오로 사도는 이 말씀을 그저 제멋대로 지어내지 않았습니다. 역사의 구체적 맥락을 고려하여 이 사랑 노래를 지었습니다. 바오로 사도에게는 일단 유다교라는 배경이 있습니다. 바오로 사도는 유다교 신학을 교육받았습니다. 그래서 '노래 중의 노래'(canticum canticorum), 즉 구약성경의 위대한 아가雅歌를 분명히 인지하고 코린토 1서 13장을 노래했을 것입니다. 또한 바오로 사도는 코린토 교회가 아주 특별한 상황에 처했을 때 이 텍스트를 썼습니다. 코린토 교회는 성령의 은사가 많이 터져 나왔고 환희에 가득 찼습니다. 하지만 지나친 열광 탓에 분열될 지경이었습니다. 코린토 신자들은 신비로운 일을 예언하는 것이나 무아경에 빠져 신령한 언어로 말하는 것 같은 비범한 은사를 특별히 따랐습니다. 이러한 현상에서 하느님 영의 역사役事를 보았습니다.

바오로 사도는 자신의 공동체에게 또 다른 길, 즉 사랑의 길을 걷게 했습니다. 사랑의 길은 어떤 면에서 상당히 평범합니다. 사랑이라는 것은 일상의 아주 구체적인 행동들로 표현되기 때문이지요. 하지만 다른 한편으로 사랑은 매혹적이기도 합니다. 변화와 성취와 매혹을 향한 인간의 깊디깊은 갈망을 사랑이 이야기하는 까닭입니다. 바오로 사도는 예언이나 신령한 언어 같은 비범한 은사가 예수 그리스도를 통해 믿는 이에게 주어진 성령의 신비를 의미한다고 생각하지 않습니다. 바오로 사도가 중시한 것은 무엇보다 사랑입니다. 사랑이 곧 하느님의 가장 고귀한 은사입니다. 사랑이 그리스도교의 핵심입니다. 사랑이 그리스도인의 삶을 형성해야 할 본원적 은사입니다. 바오로 사도는 사랑을 도덕주의에 따라 서술하지 않습니다. 오히려 바오로 사도를 매혹한 것은 하느님께서 성령을 통해 우리에게 선사하신 사랑의 은사입니다.

그렇지만 바오로 사도는 의식적이든 무의식적이든 당대 철학과 대화를 나누며 코린토 1서 13장을 지었습니다. 바오로 사도는 유다교 신학뿐 아니라 그리스철학도 배웠습니다. 바오로 사도의 편지를 보면, 특히 스토아철학에 정통했다는 것을 짐작할 수 있지요. 바오로 사도는 그리스도인들이 올바른 언행으로 스토아철학의 윤리적 요구를 넘어서기를 바랐습니다. 그래서 그리스의 필리피 공동체에 이렇게 편지했습니다. "참된 것과 고귀한 것과 의로운 것과 정결한 것과 사랑스러운 것과 영예스러운 것은 무엇이든지, 또 덕이 되는 것과 칭송받는 것은 무엇이든지 다 마음에 간직하십시오"(필리 4,8). 이 말씀은 스토아철학이 그 신봉자들에게 기대하는 바를 요약해서 보여 주기도 합니다.

그렇다고 바오로 사도가 코린토 1서 13장에서 사랑의 윤리적 차원을 특별히 중요하게 언급하는 것은 아닙니다. 오히려 그리스 철학자들처럼 일종의 고유한 능력이나 인간이 물을 긷는 샘이나 인간을 추동하는 힘으로 사랑을 묘사합니다. 그래서 사랑에 대한 바오로 사도의 이 텍스트를 보면 사랑의 신비에 관한 당시의 철학이 떠오릅니다. 더없이 위대한 그리스 철학자 플라톤은 사랑을 인간 내면에서 많은 것을 이루어 낼 수 있는 능력으로 찬미합니다.

> 그래서, 파이드로스여, 나에게 에로스는 이렇게 여겨진다네. 무엇보다도 에로스 자체가 가장 아름다운 것이자 가장 좋은 것이니, 다른 모든 이에게 바로 이 선물을 주어야 한다네. 에로스에 대해서는 아무래도 시적으로 말할 수밖에 없겠네. 에로스는 인간들 사이에 평화를, 바다에는 고요한 유려함을, 폭풍우 한가운데 매혹적 정적을, 근심 없는 한가로운 졸음을 선사한다네. 에로스는 우리를 소원함에서 해방시켜 준다네. 우리 서로가 친밀함으로 넉넉하도록 해 준다네.

바오로의 사랑 노래에 조금 더 가까운 것은 티루스의 막시무스가 쓴 텍스트입니다.

사랑이 강요와 공포보다 증오하는 것은 없다. 사랑은 당당하고 완전히 자유로우니, 스파르타보다도 자유롭다. 과연 인간들 사이의 모든 것 가운데 오직 사랑만이 어떤 사람에게 온전히 머물며, 부유함을 놀란 눈으로 보지 않고, 폭군을 두려워하지 않으며, 왕좌 앞에서 떨지 않고, 법정을 피하지 않으며, 죽음 앞에서 달아나지 않는다. 야수도, 불도, 나락도, 바다도, 칼도, 밧줄도 사랑을 두려워 떨게 하지 못한다. 오히려 사랑 안에서는 일어날 수 없는 일도 일어날 수 있고, 막강한 것이 제압될 수 있으며, 끔찍한 것이 받아들여질 수 있고, 힘든 것을 참아 견딜 수 있다. … 사랑은 언제 어디서나 모험을 하고, 모든 것을 통찰하며, 모든 것을 다스린다.

앞선 두 텍스트에서 사랑은 인간의 삶을 특징짓고 인간의 삶을 새로이 맛보게 하는 신의 선물로 해석되고 있습니다. 사랑으로 충만한 사람은 삶의 소용돌이에 상처 입지 않습니다. 사랑으로 충만한 사람은 내적 소외감을 모릅니다. 자기 자신과 깊이 만납니다. 자신의 고유한 중심을 느낍니다.

플라톤은 사랑을 상징적으로 묘사합니다. 사랑은 사람들 사이에 평화를 선사하고, 우리가 불안과 불행의 시간을 보내면서도 내면의 고요한 공간과 만나게 합니다. 사랑은 안식을 찾을 수 있는 공간을 우리 마음에 마련해 줍니다. 우리 자신의 참된 본질과 맞닿게 합니다. 사랑은 우리를 자기 자신과 친해지게 합니다. 또한 하느님께서 본디 우리에게 뜻하신, 내면의 본원적 모습과 친해지게 합니다.

티루스의 막시무스에게 사랑은 세상 그 어떤 것도 대적할 수 없는 힘과 능력입니다. 사랑은 어떤 무기도 들지 않았지만 폭군들이 두려워합니다. 그리스 작가들의 작품을 보면 이러한 주제가 끊임없이 등장합니다. 아나크레온의 시는 이렇게 노래합니다. "기병도 보병도 수병도 나를 무찌르지 못했지. 오오! 눈빛만으로 나를 쓰러뜨린 것은 다른 힘이었다네, 새로운 힘이었다네." 사랑은 다른 사람에게 다가가는 길을 찾습니다. 다가가지 않으면 자기 안에 갇혀 있을 사람에게 마음을 둡니다. 바오로 사도가 "사랑은 모든 것을 …"이라는 말을 네 차례 반복하며 사랑 노래를 끝맺은 것처럼, 막시무스는 자신의 텍스트를

"모든 것"(또는 언제 어디서나)이라는 말을 세 차례 되뇌며 끝맺습니다.

나는 성경 속 사랑 노래의 철학적·심리학적 배경을 거듭 살펴 가며 해설할 것입니다. 또한 그 말씀을 우리에게 행복과 상처, 환희와 환멸을 안겨 주는 사랑 체험에 적용해 볼 것입니다.

바오로의 사랑 노래
코린토 1서 13장

내가 인간의 여러 언어와 천사의 언어로 말한다 하여도

나에게 사랑이 없으면

나는 요란한 징이나 소란한 꽹과리에 지나지 않습니다.

내가 예언하는 능력이 있고

모든 신비와 모든 지식을 깨닫고

산을 옮길 수 있는 큰 믿음이 있다 하여도

나에게 사랑이 없으면

나는 아무것도 아닙니다.

내가 모든 재산을 나누어 주고

내 몸까지 내주어 내가 불태워진다 하여도

나에게 사랑이 없으면

나에게는 아무 소용이 없습니다.

사랑은 참고 기다립니다.

사랑은 친절합니다.

사랑은 시기하지 않고

뽐내지 않으며

교만하지 않습니다.

사랑은 무례하지 않고

자기 이익을 추구하지 않으며

성을 내지 않고

앙심을 품지 않습니다.

사랑은 불의를 기뻐하지 않고

진실을 두고 함께 기뻐합니다.

사랑은 모든 것을 덮어 주고

모든 것을 믿으며

모든 것을 바라고

모든 것을 견디어 냅니다.

사랑은 언제까지나 스러지지 않습니다.

예언도 없어지고

신령한 언어도 그치고

지식도 없어집니다.

우리는 부분적으로 알고

부분적으로 예언합니다.

그러나 온전한 것이 오면

부분적인 것은 없어집니다.

내가 아이였을 때에는

아이처럼 말하고

아이처럼 생각하고

아이처럼 헤아렸습니다.

그러나 어른이 되어서는

아이 적의 것들을 그만두었습니다.

우리가 지금은 거울을 통해 수수께끼로 보지만

그때에는 얼굴과 얼굴을 마주 볼 것입니다.

내가 지금은 부분적으로 알지만

그때에는 하느님께서 나를 온전히 아시듯

나도 온전히 알게 될 것입니다.

그러므로 이제 믿음과 희망과 사랑

이 세 가지는 계속됩니다.

그 가운데에서 으뜸은 사랑입니다(1코린 13,1-13).

일반적 고찰

여기서 바오로 사도가 서술하는 것은 하느님을 향한 사랑이나 인간을 향한 사랑, 남녀 간의 사랑이 아닙니다. 삶을 변화시키고, 자유와 여유와 애정을 맛보게 하는 능력·권능·힘으로서의 사랑입니다. 앞선 12장에서 바오로 사도는 성령의 다양한 은사에 대해 기술했습니다. 하느님은 성령을 통해 코린토 공동체에 은사를 베푸셨습니다. 지혜의 은사, 믿음의 은사, 치유의 은사, 예언의 은사, 영들의 식별 은사, 신령한 언어의 은사를 주셨습니다. 그런데 13장에서는 코린토 신자들에게 성령의 비범한 은사에 집착하지 말고, 더욱 고귀한 은사를 열망하라고 촉구합니다. 성령께서 주시는 가장 고귀한 은사는 바로 사랑입니다. 이처럼 바오로 사도는 그리스도인의 삶을 성취하는 길을 보여 줍니다. 그리고 하느님께서 사랑을 통해 우리 마음에 어떤 능력을 부여하셨는지 서술합니다. 하느님께서는 몸소 우리가 사랑할 수 있게 해 주십니다. 우리의 사명은 우리에게 선물로서 주어진 사랑을 추구하고 우리의 구체적인 삶에서 실천하는 것입니다.

바오로 사도는 정교하게 구성된 코린토 1서 13장에서 사랑을 하고 있는 사람의 행위에 대해, 즉 형제 사랑이나 하느님 사랑에 대해 서술하지 않습니다. 오히려 사랑을, 말하자면 위격화합니다. 사랑은 하느님의 선물일 뿐 아니라, 하느님 당신에게 귀속되고, 또 그 안에서 우리도 하느님께 귀속됩니다. 주석학자 한스요제프 클라우크는 말합니다. "… 사랑은 본질적으로 하느님의 한 속성이자 동시에 그분이 당신을 드러내시는 한 방식이다. 사랑은 그런 모습으로 인간에게 영향을 미치고 인간이 자신의 실존을 사랑의 영역 안에서 발견할 수 있게 해 준다"(Klauck 94).

요한 복음서도 비슷한 시각입니다. 사랑을 우리가 머물러 사는 영역으로 봅니다. "너희는 내 사랑 안에 머물러라"(요한 15,9). 사랑 안에 머무르며 우리 삶은 변화합니다. 우리는 하느님께 참여하고 신성을 얻습니다. 우리는 사랑 안에서 그리스도의 사랑과 연결되어 있습니다. 포도나무에서 가지로 생명이 흐르듯, 그리스도의 사랑이 우리에게 흘러들어 우리를 그분과 연결합니다(요한 15,1-8 참조).

바오로 사도는 사랑의 능력에 대해 서술하지만 그 배경에는 그리스철학이 있습니다. 플라톤뿐 아니라 아리스토텔레스도 사랑의 신비를 논합니다. 플라톤에게 사랑은 세상의 모든 존재를 관통하며, 세상을 와해하지 않고 오히려 분열된 것이 끊임없이 서로 결속되도록 이끄는 신적 능력입니다.

우리 시대에 들어 플라톤의 교설에 다시금 주목한 것은 다름 아닌 가브리엘 마르셀입니다. 프랑스 철학자 마르셀에게 사랑은 곧 존재입니다. 사랑은 만물의 근원이며 인간존재의 근원입니다. 사랑은 만물에 현존합니다. 이것은 "누구나 모든 것을 사랑으로부터 받아들이고, 누구나 자신의 모든 존재와 소유를 오직 사랑 안에서 온전히 가지게 되는데, 만약 사랑이 없다면 모든 것이 빠져나가 끝내 허무에 직면한다"(Lortz 24)는 뜻입니다. 마르셀에게 사랑은 인간 실존의 바탕입니다. 사랑이 없으면 우리는 자신의 참자기를 이해하지 못합니다. 하느님께서 우리에게 선사하신 것을 우리는 비로소 사랑 안에서 얻습니다. 부부 간의 사랑이든 친구 간의 사랑이든, 또는 우리를 향한 하느님의 사랑이든 하느님을 향한 우리의 사랑이든 우리는 모든 사랑 안에서 존재로서의 사랑을 체험합니다. 존재로서의 사랑은 모든 것을 온전하게 하고 완성합니다.

가브리엘 마르셀은 존재와 소유를 구별하여 인식했고, 훗날 에리히 프롬은 이러한 구별을 『사랑의 기술』에서 재론합니다. 존재의 실존 양식을 실현하는 사람은 사랑에 참여하는 것입니다. 존재와 사랑은 서로 하나이기 때문입니다. 사랑을 물건처럼 단순히 소유할 수는 없습니다. 오히려 중요한 것은 사랑이 되는 것, 사랑을 통해 새로운 존재를 체험하는 것입니다. 사랑 안에서 타인에게 자신의 마음을 여는 사람은 사랑으로서의 절대적 존재에 참여합니다. 또한 자신을 "빛의 현존 안에서, 존재의 충만 속에서"(Scherer 130) 체험합니다. 서로 사랑하는 사람들은 자신들의 상호성 안에서 영원한 것과 접촉합니다. 그리고 사랑은 죽음을 극복하는 힘, 죽음보다 강한 힘입니다. 가브리엘 마르셀에 따르면 사랑의 의미는 사랑하는 사람에게 이렇게 말하는 것입니다. "그대여, 그대는 죽지 않을 것이오." 우리는 죽음 속에서도 사랑으로부터 떨어져 나가지 않을 것입니다. 반대로 죽음 속에서 사랑을 순수한 형태로, 순수한 존재로 체험할 것입니다.

철학은 플라톤 이래 사랑이라는 현상을 끊임없이 탐구해 왔습니다. 중세의 철학과 신학은 사랑이라는 것을 하느님과 이웃을 사랑하지만 그럼에도 자신의 행복도 추구하는 선천적 원동력으로 이해해야 하는가, 아니면 모든 이기적 욕망을 끊어 버리는 온전히 이타적인 사랑으로 이해해야 하는가 하는 논쟁으로 점철되었습니다. 또한 우위에 서는 것은 인식인가 사랑인가, 인간의 궁극적 목적은 하느님에 대한 인식인가 사랑 안에서의 하느님과의 일치인가 하는 문제도 중요한 논쟁거리였습니다.

이러한 논쟁이 오늘날 우리에게는 낯설기만 합니다. 하지만 여기에는 어떤 본질적인 것이 포착되어 있습니다. 사랑을 너무 이상적인 것으로, 온전히 사심 없는 것으로 본다면 우리는 사랑을 더없이 아름답게 묘사할 수 있습니다. 하지만 이런 사랑은 우리에게 지나친 부담이 됩니다. 게다가 사랑에 대한 우리의 인간적 체험과 너무 동떨어졌습니다. 자신의 행복을 추구하는 '욕망하는 사랑'과 사랑의 체험 속에서 자신을 잊고 사랑하는 사람과 하나가 되는 '사심 없는 사랑' 사이의 건강한 긴장이 필요합니다. 사랑이 우리에게 지나친 부담이 되지 않고, 우리의 궁극적 갈망을 충족하며, 인간존재를 진정으로 풍요롭게 하려면 우리는 (각자가 스스로) 에로스와 아가페와 필리아의 조화로운 공존, 자연적 사랑과 초자연적 사랑의 공존, 행복을 추구하는 사랑과 사심 없는 사랑의 공존을 찾아야 합니다.

나는 바오로 사도가 코린토 1서 13장에서 노래하는 사랑을 고유한 능력이자 우리 삶을 변화시키는 특질로 설명하고자 합니다. 바오로 사도에게 사랑은 하느님의 은사입니다. 그런데 결국 은사는 하느님께서 우리에게 선사하신 성령입니다. 성령이 곧 사랑입니다. 그래서 바오로 사도는 로마서에서 말합니다. "우리가 받은 성령을 통하여 하느님의 사랑이 우리 마음에 부어졌습니다"(로마 5,5). 요컨대 사랑은 하느님 같은 어떤 것, 하느님으로부터 비롯한 어떤 것, 그 자체로 하느님인 어떤 것입니다. 우리는 사랑 안에서 이미 하느님께 참여하고 있습니다. 하지만 이러한 신적 사랑은 우리의 인간적 사랑을 통해, 즉 남녀 간의 사랑, 이웃 간의 사랑, 자신에 대한 사랑, 하느님에 대한 사랑을 통해 드러납니다. 이 모든 형태의 사랑은 우리로 하여금 바오로 사도가 묘사한 사랑의 능력에, 우리의 삶에 활력과 행복이라는 새로운 특질을 선사하고 우리의 상처를 치유하는 사랑의 능력에 참여하게 합니다.

나는 코린토 1서 13장을 해설하며, 친구 간의 사랑이나 부부 간의 사랑, 함께 일하거나 함께 사는 사람 간의 사랑 등 우리를 행복하게 만드는 사랑의 능력을 먼저 언급할 것입니다. 이러한 사랑은 우리의 삶에 새로운 특질을 부여합니다. 하지만 나는 사랑의 치유 능력도 유념하고자 합니다. 의사나 심리치료사, 사목자, 사회복지사는 사랑의 치유 능력에 힘입어 사랑의 결핍으로 병들고 아파하는 사람들에게 관심을 기울입니다. 나에게 이 텍스트는 아버지나 어머니로부터 받은 상처를 치유할 수 있는 심리치료와 영적 동반에 대한 지침이기도 합니다. 그런데 심리치료와 영적 동반에서 유효한 것은 지극히 일상적인 인간관계에서도 유효합니다. 우리는 다른 사람을 사랑할 때, 그 사람의 상처를 치유할 수 있습니다. 다른 사람을 사랑할 수 있다면, 그 사람의 치유자가 될 수 있습니다.

나에게 코린토 1서 13장의 본디 메시지는 이렇습니다. "그대가 지금 사랑받지 못한다고 느끼고 사랑으로 결속된 사람이 아무도 없다 하더라도, 그대 안에 있는 사랑을 신뢰하세요. 그대는 그대 안에 있는 사랑을 어렴풋이 느낍니다. 그대는 사랑을 갈망하지요. 사랑을 향한 갈망 안에 이미 사랑이 존재합니다. 사랑으로 고통을 받더라도 그대는 사랑이 무엇인지 알고 있습니다. 그러니 그대 안에 있는 사랑을 신뢰하세요. 그대가 지금 사랑에 빠져 있든 아니든, 누군가에게 사랑받고 있든 아니든 개의치 마세요. 그대 안에는 사랑이라는 선물이 있습니다. 하느님께서 몸소 그대 마음에 내려 주셨지요. 그분의 사랑을 신뢰하세요. 그대 안에 받아들이세요. 느껴 보세요. 그리고 맛보세요. 그분의 사랑이 그대의 삶을 풍요롭게 합니다. 그분의 사랑이 그대에게 선하게 살아갈 수 있는 수많은 가능성을 선사합니다. 이러한 사랑의 가능성을 발휘하며 살아가도록 노력하세요. 그대의 삶이 진실로 복될 것입니다. 사랑이라는 선물을 감사하는 마음으로 체험할 것입니다. 코린토 1서의 말씀에 귀 기울일 때면 그 말씀이 그대 마음에 흘러들게 하세요. 그 말씀이 사랑을 향한 그대의 깊디깊은 갈망을 사로잡는 것을 느낄 것입니다. 그 말씀이 그대에게 너무 숭고하다고 말하지는 마세요. 그대가 그 말씀을 따를 수 있을지 성급히 자문하지도 마세요. 그 말씀을 통해 사랑과 만나세요. 그대 마음의 바닥에 잠들어 있는 그분의 사랑이 그 말씀으로 깨어나 그대의 온 존재를 사로잡습니다."

"나에게 사랑이 없으면 …"

> 내가 인간의 여러 언어와 천사의 언어로 말한다 하여도
> 나에게 사랑이 없으면
> 나는 요란한 징이나 소란한 꽹과리에 지나지 않습니다.
> 내가 예언하는 능력이 있고
> 모든 신비와 모든 지식을 깨닫고
> 산을 옮길 수 있는 큰 믿음이 있다 하여도
> 나에게 사랑이 없으면
> 나는 아무것도 아닙니다.
> 내가 모든 재산을 나누어 주고

내 몸까지 넘겨주어 내가 불태워진다 하여도

나에게 사랑이 없으면

나에게는 아무 소용이 없습니다.

먼저 바오로 사도는 처음 세 절에서 사랑이 우리 삶에 중요한 의미가 있다고 명시합니다. 조건 절을 나란히 배열하여 긴장감을 부여하고 자신의 언설을 부각합니다. 세상의 온갖 재능과 재주가 있다고 하여도 별반 소용이 없습니다. 사랑이 없으면 죄다 무가치합니다.

바오로 사도는 인간과 천사의 언어를 언급하며 사랑 노래를 시작하는데, 이것은 코린토 공동체에서 신령한 언어로 통용되었습니다. 코린토 신자들은 신령한 언어로 기도하는 은사를 자랑스러워했습니다. 자기네 말로 말하는 것이 아니라, 영의 작용에 자신을 내맡기고, 이를테면 스스로도 이해하지 못할 무아의 언어로 말하는 것이었지요. 코린토 신자들은 이것을 인간의 모든 언어를 능가하는 천사의 언어로 여겼습니다. 그런데 우리는 이런 특별한 언어 현상을 이용해 자신을 주목받는 인물로 만들 수도 있습니다. 그렇다면 신령한 언어의 바탕이 사랑이 아니라 자신의 교만한 자아가 되어 버립니다. 이것은 비단 신령한 언어만이 아니라, 말재주를 부려 남들의 이목을 끌려는 모든 언어에도 해당됩니다. 언어는 사랑의 표현일 수 있습니다. 하지만 명예욕의 표현일 수도 있습니다. 마음에서 우러나는 언어, 사랑으로 충만한 언어만이 우리를 치유합니다. 그 밖의 모든 언어는 그저 눈길을 끌려는 행위이자 헛된 소음일 뿐입니다.

바오로 사도는 이러한 언어를 요란한 징이나 소란한 꽹과리에 견줍니다. '꽹과리'로 번역된 '킴발론'*kymbalon*은 정확히 말하자면 여신 키벨레*Kybele*를 숭배하는 제의에서 사용되던 심벌즈입니다. 이러한 악기가 내는 소음은 밀교 제의의 특징입니다. 그렇지만 바오로 사도는 사랑이 없으면 이 같은 제의도 아무 소용이 없다고 생각합니다.

바오로 사도의 말씀을 우리의 상황에 적용해 보면 이러한 의미입니다. "번드르르한 말로 사람들을 부추기거나 설득할 수는 있습니다. 하지만 사랑이 없으면 언변을 통한 성공은 아무 소용이 없습니다." 우리는 누군가의 말이 진심에서 나왔는지, 사랑이 담겨 있는지, 아니면 그저 우쭐대는 것인지 알아차리기 마련입니다. 말을 가지고 장난치는 자들이 있습니다. 그렇지만 우리는 그들의 말에서 허영을 느낍니다. 바오로 사도에게 사랑은 우리가 하는 말의 바탕입니다. 사랑은 말이 흘러나오는 샘입니다. 우리의 말이 사랑의 싹을 품지 않으면, 우리의 모습이 그럴듯해 보이고 다른 사람을 구슬릴 수 있다 하더라도 진실한 축복이 되지는 못합니다.

바오로 사도의 말씀을 인간관계에 비추어 보면 다음과 같은 의미입니다. "당신이 아내나 남편, 친구에게 하는 말이 사랑으로 가득한지, 아니면 그저 짜증이나 분풀이나 빈말에서 나왔는지 주의 깊게 살펴보세요." 우리는 매일 누군가와 대화하고 수없이 많은 말을 쏟아냅니다. 하지만 흔히 피상적인 말에 그칩니다. 침묵이 부담스러워 아무 말이나 합니다. 아니면 다른 사람에게 바라는 것이나 알려 주려는 것이 있을 때 입을 엽니다. 말을 하는 데도 다양한 방식이 있습니다. 무엇을 알려 주는 말이든, 행동을 유발하는 말이든, 소식을 전하는 말이든, 무엇을 설명하는 말이든 가장 중요한 것은 사랑이 담겨 있어야 한다는 사실입니다. 어쩌면 사랑은 너무 고상한 말일지 모르겠습니다. 그럼에도 적어도 나에게서 나온 말은 마음에서 우러나야 하며, 그저 머리로만 만들어 내서는 안 됩니다. 내가 하는 말이 내 마음 깊은 곳에서 나온다면, 그 자체로 온기를 품고 있고 다른 사람의 마음도 따뜻하게 합니다.

바오로 사도의 말씀은 의사나 사목자의 활동과도 관련지을 수 있습니다. 사랑이 없으면 의사나 사목자가 하는 일은 모두 아무것도 아닙니다. 그러니 첫째 절을 이렇게 옮길 수도 있습니다. "환자에게 질병을 세심히 설명하고 치료법을 일러 줄 수 있다 하여도, 나에게 사랑이 없으면 나는 요란한 징이나 소란한 꽹과리에 지나지 않습니다." 소란한 꽹과리와 놋쇠 징은 이교 제의의 꽝꽝거리는 소리를 연상시킵니다. 심리치료와 관련지어 말할 수도 있습니다. "사랑을 자라나게 하지 못하면 심리치료는 요란하기만 할 뿐 치유하지는 못하는 헛된 의식儀式이 되고 맙니다." 심리학 이론으로 내담자에게 그럴듯한 인상을 남길 수는 있겠지만, 그들의 마음에 가닿지는 못할 것입니다.

둘째 절에서 바오로 사도는 코린토 신자들이 매우 중요시하던 네 가지 은사를 언급합니다. 예언하는 능력이 있고, 모든 신비를 깨닫고, 모든 지식을 깨닫고, 산을 옮길 수 있는 믿음이 있는 것입니다. 바오로 사도 자신도 네 가지 은사를 대단히 긍정적으로 평가합니다. 하지만 그 바탕에 사랑이 없으면 은사를 행하는 사람은 결국 아무것도 아닙니다. 코린토 신자들에게 예언의 은사는 미래 일을 예견하거나, 사람들과 공동체에 하느님의 뜻을 예고하는 능력이었습니다. 예언은 그리스도 신앙의 본질적 요소입니다. 정치적·사회적 상황을 하느님의 관점에서 비판적으로 판단하고, 미래로 향하는 길을 열어 주는 말씀을 하느님께 받아서 전하는 사람이 예언자입니다. 그런데 예언은 어떤 사람에 대한 비밀스러운 일을 그 사람에게 말해 주는 것을 의미하기도 합니다. 이러한 예언은 어떤 깊은 인상을 남기기 마련입니다. 하지만 여기에는 다른 사람에게 권력을 행사하고 조종하게 될 위험도 있습니다. 어떤 사람에게 그 사람에 대한 나만 알고 있는 비밀을 말해 주면, 그 사람은 내가 자신의 모든 것을 폭로할까 봐 두려워하게 됩니다. 그래서 그 사람을 손쉽게 복종시킬 수 있습니다.

신비를 깨닫는다는 말씀은 밀교와 관계가 있는데, 당시에는 밀교가 코린토뿐 아니라 로마제국 전역에서 유행했습니다. 밀교에서는 신에 대한 특별한 신비를 전수받고, 이로써 남들에게 우월감을 느끼는 것이 중요했습니다. 이것은 오늘날 우리도 잘 알고 있는 경향이지요. 여기에는 자신을 우위에 세우고 남들을 깔보려고 영성과 영적 체험을 이용하게 될 위험이 있습니다. 당시 밀교는 대단히 매력적이었는데, 자기존중감 결핍으로 괴로워하는 사람들이나 사회에서 인정받지 못한 노예들에게 자신을 매우 가치 있는 존재로 느낄 수 있는 기회를 주었기 때문입니다. 하지만 기회뿐 아니라 위험도 있었습니다. 자신을 영적으로 우위에 놓으면 남들을 무시하기 마련이지요. 지금도 이러한 경향은, 자기네는 남들과 달리 특별한 신비를 체험했다고 믿는 집단에서 확인할 수 있습니다. 그들은 영적 체험을 하고 어떤 독특한 제의로 신비를 전수받는 데 혈안이 되어 있습니다. 하지만 영적 체험을 향한 갈망을 이끄는 것이 사랑이 아니라면 아무런 가치가 없습니다. 사랑이 없으면 영적 체험은 자아를 교만하게 만들기만 합니다. 또한 결핍된 자기존중감의 대체물이 될 뿐입니다. 많은 사람이 마음 한구석에서 자신을 무가치하게 느끼는 탓에 영성의 길을 갑니다. 하느님 체험으로 깊은 가치를 얻을 수는 있습니다. 그렇지만 자신이 주목받기 위해 영적 체험을 이용한다면, 이것은 자신을 무가치하게 느끼는 의식이 여전히 잠재해 있다는 증거입니다. 그들은 이러한 의식을 계속 은폐할 뿐 변화시키지는 못합니다. 바오로 사도에 따르면, 영적 체험은 우리를 하느님 안으로 인도할 때만, 모든 존재의 바탕인 사랑의 신비 안으로 인도할 때만 가치가 있습니다.

셋째 은사는 지식의 은사입니다. 이것을 그리스어 원문에서는 '그노시스'gnosis(靈知)라 이르는데 단지 지식만이 아니라 깨달음을 뜻하기도 합니다. 당시 그리스도교에서는 교회 안팎으로 영지주의 운동이 확산되었습니다. 이것은 남들보다 많이 알고자 하는 열망, 하느님의 신비를 전해 듣고 깨달음을 얻고자 하는 열망이었습니다.

코린토 신자 가운데는 영지주의에 매혹되어 일종의 그리스도교적 영지주의를 추구하는 사람이 많았습니다. 바오로 사도는 코린토 1서 2장에서 그리스도인을 참된 영지를 깨달은 사람으로 묘사합니다. 하느님께서는 예수 그리스도를 통해 몸소 우리에게 참되고 완전한 지혜를 계시하셨고, 우리 생명의 본질에 대한 지식을 선사하셨습니다. 하지만 '그노시스'도 사랑이 없으면 아무 소용이 없습니다. 허세일 뿐입니다. 흔히 우리는 남들의 찬탄을 받으려고 자신의 지식을 자랑하지요. 그렇지만 참된 지식은 언제나 겸손합니다.

바오로 사도에게 믿음은 결정적인 것입니다. 우리는 행위가 아니라 믿음으로 말미암아 의로움을 인정받습니다. 이것을 바오로 사도는 로마서에서 자세히 설명합니다. 그렇지만 여기서 말하는 것은 또 다른 믿음입니다. 우리가 무조건적으로 받아들여졌다는 확신을 심어 주는, 십자가 예수님의 사랑에 대한 믿음이 아니라 자신이 믿는 것은 모두 이룰 수 있다고 생각하는, 기적에 대한 믿음입니다.

오늘날 우리는 이러한 경향에 대해서도 익히 알고 있습니다. 특히 미국에는 충분히 믿기만 하면 모든 일이 잘되리라고 주장하는 책이 많습니다. 한번은 어떤 부인이 이러한 인습에 사로잡힌 책을 내게 보내왔습니다. 제목인즉 『기도해서 부자 되세요』였습니다. 나는 그것을 갖다 버렸습니다. 사람들을 그릇된 길로 이끄는 책이었습니다. 믿음을 미성숙한 욕구를 충족하거나 권력욕을 표출하기 위한 수단으로 이용했습니다. 어떤 남자가 내게 말하기를, 그는 자신의 회사를 위해 설정한 목표를 무의식에 스며들게만 하면 그것을 달성하게 된다고 했습니다. 하지만 이런 믿음은 미망迷妄일 뿐입니다. 그는 믿음에 대한 과도한 기대에 걸려 넘어졌습니다. 그는 자신의 믿음을 포기하려 하지 않았고, 결국 아집과 억지 때문에 파산하고 말았습니다. 때로는 믿음이 기적을 일으키기도 하지만 사랑이 없으면 아무 소용이 없습니다.

중요한 것은 우리의 믿음을 증명할 수 있는 비상한 사건이나 경험이 아니라, 오직 사랑입니다. 사랑은 우리의 삶에 예수 그리스도의 맛을 전합니다. 우리는 사랑 안에서 예수 그리스도의 모습을 닮아 갑니다. 바오로 사도는 13장 텍스트에서 예수님의 사랑이나 예수 그리스도를 통한 우리의 구원을 언급하지 않습니다. 하지만 그리스도는 사랑의 원형으로 언제나 배경에 자리합니다. 결국 아가페란 예수 그리스도 안에서 우리에게 비추어진 하느님의 사랑입니다.

셋째 절에서는 사랑이 없으면 아무 소용이 없는 두 가지 행동이 예시됩니다. 하나는 나의 모든 재산을 나누어 주는 것이고, 다른 하나는 내 몸까지 넘겨주어 불태워지는 것입니다. 우리는 두 행동을 흔히 사랑과 결부합니다. 첫째 행동이 의미하는 바는 자신이 가진 모든 재산으로 다른 사람을 먹이는 것입니다. 문자 그대로, 궁핍한 사람에게 먹을 것을 주려고 자신의 전 재산을 작은 조각까지 나누는 것입니다. 가난한 사람에게 먹을 것을 주는 행동은 진실로 성령의 은사일 수 있습니다. 그렇지만 바오로 사도는 이러한 행동이 사랑 없이 취해질 수도 있다는 것을 염두에 둡니다. 그렇다면 이 또한 아무 소용이 없는 행동입니다. 제3세계의 빈곤한 사람을 원조하는 구호 사업은 사랑의 발로일 수 있습니다. 하지만 구호 사업은 사랑 없이 추진될 수도 있습니다. 예컨대 자신을 과시하거나, 양심의 가책을 달래거나, 세간에 주목을 받으려는 등 다른 동기가 수반되는 것이지요. 이러한 구호 사업은 짚불과 같아서 금세 타오르기는 하지만 오래도록 온기를 간직하지는 못합니다.

몸을 '불태워지도록' 한다는 것이 바오로 사도에게 어떠한 의미인지는 그리 분명하지 않습니다. 화형에 의한 순교인지, 타인을 위한 자기희생인지, 아니면 노예에 대한 낙인인지 불분명합니다. 그리스·로마 철학도 화형을 의연히 받아들이는 것을 영웅적 태도로 보았습니다. 그리스 철학자들은 자발적 소신燒身을 인도인의 관습이자 모범으로 여겼습니다. 오늘날이라면 바오로 사도는 자살 테러를 말했을 것입니다. 이러한 행동은 사랑이 아니라 증오에서 비롯됩니다. 그래서 무가치하며, 자기 멸시와 인간 존엄에 대한 멸시로 귀결됩니다. 분명 바오로 사도는 그리스도인의 순교를 의중에 두지 않았을 것입니다. 네로 황제가 그리스도인을 화형에 처한 것은 바오로 사도가 코린토 신자들에게 편지를 쓴 시점보다 훗날의 일이기 때문입니다. 짐작건대 바오로 사도는 무엇인가 거창한 일회성 행동을 생각한 것 같습니다. 그런 행동으로 말미암아 일상에서는 제대로 사랑에 투신하기가 어려워집니다. 우리가 흔히들 사랑의 표현으로 받아들여 세간의 주목을 받는 행동도 사랑이 아니라 어떤 특별한 존재가 되고자 하는 욕구에서 비롯된 것이라면 아무 소용이 없습니다.

"사랑은 참고 기다립니다"

> 사랑은 참고 기다립니다.
> 사랑은 친절합니다.

처음 세 절에 이어서, 이제 바오로 사도는 사랑의 능력에 대해 서술합니다. 하지만 도덕을 논하지는 않습니다. "사랑한다면 참고 기다려야 하고, 또 친절해야 합니다"라고 말하지 않습니다. 그저 사랑이 무엇인지 기술할 뿐입니다. 사랑은 본디부터 참고 기다리며 친절합니다. 사랑에는 본질적으로 이러한 속성이 있습니다.

바오로 사도는 사랑의 속성을 언급하며 우리 안에 잠재하는 능력과 자질을 상기시킵니다. 사랑은 분명 우리 안에 있습니다. 우리는 그 사랑이 저절로 작용하도록 그대로 두면 됩니다. 바오로 사도의 사랑 노래는 사랑의 작용에 대한 매혹적 시가입니다. 사랑은 성령을 통해 우리에게 주어졌습니다. 우리 안에는 저마다 사랑이 있습니다. 그런데 우리는 그 사랑을 다른 동기나 우리 영혼의 다른 속성으로 은폐하기 일쑤입니다. 말씀을 읽고 묵상하며 우리 안에 있는 사랑과 맞닿아야 합니다. 앞의 구절이 우리 마음을 움직인다는 것 자체가, 이미 사랑이 우리 안에 있다는 것을 가르쳐 줍니다. 그렇지 않다면 우리는 바오로 사도의 말씀을 전혀 알아듣지 못할 것입니다. 그러니 우리 안에 있는 사랑을 신뢰해야 합니다. 사랑은 우리 삶을 변화시킬 수 있습니다. 사랑은 밖으로 결실을 맺게 하고, 그렇게 세상의 축복이 됩니다. 사랑은 개인의 마음만 변화시키는 것이 아니라, 공동체의 더불어 사는 삶 또한 변화시킵니다. 사랑은 누룩처럼 사회 속으로 작용해 들어가고, 빛처럼 세상의 어둠을 밝힙니다.

'참고 기다리다'라는 말이 그리스어 원문에는 '마크로티메이'*makrothymei*라는 말로 나오는데, 이것은 '인내하다'라는 뜻이기도 합니다. 본디 이 말은 넓고 넉넉한 성품, 너그러운 마음을 의미합니다. 베네딕도에게 너그러운 마음은 영적 인간을 가늠하는 척도입니다. 하느님은 너그러운 마음에만 머무르실 수 있습니다. 마음이 너그러운 이는 언뜻 호감이 가지 않는 사람이라도 사랑할 수 있습니다. 너그러운 마음은 사랑을 받지 못한 아이가 또다시 상처받지 않으려고 편협과 자폐로 퇴행한 것을 깨뜨려 엽니다. 하지만 너그러운 마음은 기다릴 줄도 압니다. 편협해진 것이 너그러워지고, 자폐된 것이 개방되기를 믿고 바랍니다.

사랑을 통해 너그러운 마음을 얻은 이는 남들에게 자꾸만 화내는 법이 없습니다. 편협하고 고루한 마음은 남들에게 분노하는 데 너무 많은 에너지를 소모합니다. 너그러운 마음에는 저마다 개성을 지닌 사람들을 위한 자리가 있습니다. 너그러운 마음은 차분합니다. 너그러운 마음은 오래 참습니다. 마음이 너그러우면 유쾌한 기운을 발산하지만, 반대로 편협하면 주위도 편협하게 만들 뿐입니다. 너그러운 마음 곁에서는 사는 것이 행복합니다. 편협한 마음은 사람들을 몰아냅니다. 사람들이 자신도 편협해질까 두려워하는 탓이지요. 독일어로 '편협하다'는 말은 편협함이 야기하는 '두려움'을 암시합니다. 마음이 너그럽다는 것은 다른 사람을 신뢰한다는 것을 반영합니다. 여기서는 어떠한 요구도 찾아볼 수 없으며, 오히려 사랑의 고유한 속성이 인간을 변화시키고 자신의 존재를 복되게 느끼게 합니다.

물론 우리는 편협한 마음이 우리 안에서 제 목소리를

내려는 것을 끊임없이 체험합니다. 우리는 남들에 대해 속 좁게 생각하곤 합니다. 남들의 옷차림이나 말투나 행동거지를 두고 자꾸만 못마땅하게 여깁니다. 한번은 어떤 강연에서 편협한 마음이 말하려고 하면 어찌해야 하는지 묻는 여성이 있었습니다. 우리는 편협함에 맞서 싸워서는 안 됩니다. 그렇지 않으면 편협함이 계속해서 요동칠 것입니다.

오히려 중요한 것은 편협한 마음의 사고를 직시하고, 그것과 대화를 나누는 일입니다. 나는 왜 편협하게 생각하는가? 나는 무엇을 두려워하는가? 무엇으로부터 나를 지켜야만 하는가? 나에게 위험하기 때문에 내 마음에서 몰아내려는 것은 무엇인가? 나의 편협함을 겸허히 인정하면, 내 안에는 편협함과 함께 너그러움도 있다는 것을 발견하게 됩니다. 너그러운 마음은 자신의 편협함도 받아들입니다. 너그러운 마음에는 편협함을 위한 자리도 있습니다. 그렇지만 더 이상 위세를 부리지는 못합니다. 나의 편협한 마음을 다정히 받아들임으로써, 그 마음이 너그러워질 수 있습니다. 그러면 그 너그러움 안에서 내 안에 샘솟는 사랑을 문득 느끼게 됩니다.

너그러운 마음을 의사나 교사, 심리치료사, 사목자의 치유적 관계와 관련지어 보면, 너그러운 마음만이 치유적이라는 사실이 분명히 드러납니다. 심리치료사와 사목자의 너그러운 마음은 환자와 신자의 마음 또한 너그러워지게 합니다. 위축되고 겁먹은 채 제자리만 맴돌던 사람, 또다시 상처받을지 모른다는 두려움과 마음을 열면 곧바로 내면의 혼란이 터져 나올지 모른다는 두려움 때문에 스스로를 가두던 사람이 자신에 대해 터놓고 이야기하게 됩니다. 반대로 편협한 마음은 다른 사람의 마음에 빗장을 지르게 합니다.

너그러운 마음은 부모와 자녀의 관계에서도 중요합니다. 마음이 너그러운 부모는 자녀가 자신의 정체성을 찾을 때까지, 미성숙에서 벗어나 성숙에 이를 때까지 기다릴 줄 압니다. 자녀가 문제를 일으킨다고, 수업을 따라가지 못하거나 사회적으로 특이한 행동을 한다고 경악하거나 두려움에 사로잡히지 않습니다. 물론 이러한 문제를 간과하는 것은 아닙니다. 너그러운 마음은 여러 어려움과 두려움이 있는 자녀를 속 깊이 받아들여, 거기서 치유되게 합니다. 자녀 문제에 봉착하게 되면 편협한 마음은 더욱 편협해지고 안달하게 됩니다. 아이를 받아들이지 않고 하나의 '사건'으로 취급하려 하지요. 그렇게 부모의 마음에서 밀려나면 아이는 건강해질 수 없습니다.

나는 신자들을 영적으로 동반하며 자신의 어머니가 얼마나 편협하고 완고했는지 토로하는 사람들을 곧잘 만납니다. 모든 일이 정해진 원칙에 따라 진행되어야 했다는 것입니다. 어머니 말에 토를 달았다가는 괘씸한 자식으로 취급되기 일쑤였고, 사고방식이나 생활 방식이 다른 이웃에게는 악담을 퍼부었다고 합니다. 이런 부모를 둔 사람들은 어른이 되어서도 여전히 부모의 편협함에 진저리를 칩니다. 그리고 부모에게 물려받은 편협함을 차츰 벗어나서 마음이 너그러워질 때까지 오랜 시간이 걸립니다. 베네딕도에게 영성의 길이란 마음이 갈수록 너그러워지는 것으로 귀결됩니다. 너그러운 마음은 계명을 어길까 봐 안달할 까닭이 없습니다. 너그러운 마음은 성령의 기쁨 안에서 생명으로 향하는 길을 달려갑니다.

사랑은 친절합니다. 사랑은 다른 사람에게 호의를 베풉니다. 그리스어 원문에서는 '친절하다'라는 말을 '크레스테우에타이'*chresteuetai*라고 하는데, 친절한 마음보다는 다른 사람에 대한 다정한 관심에 가깝습니다. 사랑은 다른 사람을 향하는 경향이 있습니다. 사랑은 다른 사람을 향해 자신의 선하고 친절한 모습을 드러냅니다. 그렇게 다른 사람 안에 있는 선함을 일깨웁니다. 사랑은 다른 사람을 선의로 대합니다. 사랑은 다정한 손길로 어루만집니다. 사랑은 다른 사람의 내면을 움직일 것을, 내면에 있는 선함을 불러일으켜 각자의 방어기제 아래 잠재한 선한 본질과 맞닿게 할 것을 신뢰합니다.

그러니 사랑은 언제나 낙관적입니다. 사랑은 누구도 포기하지 않습니다. 남들을 해치는 사람에게도, 더없이 악하고 냉혹한 사람에게도 사랑에 대한 갈망과 선한 존재에 대한 갈망이 있다고 믿습니다. 그리고 사랑은 이러한 믿음과 희망을 굳게 지킴으로써, 다른 사람 안에 있는 선함을 일깨울 수 있습니다. 자폐를 선택한 사람이 자신의 선한 본질과 맞닿을 때까지는 오랜 시간이 필요합니다. 그렇더라도 선함에 대한 갈망은 누구에게나 있습니다. 이러한 갈망을 바로 사랑이 일깨울 수 있습니다.

사랑은 자신에게 마음의 자리를 허락한 사람이 친절함을 발산할 수 있게 합니다. 사랑에 이끌린 사람은 그 어떤 선함과 친절함과 다정함과 정직함을 발산합니다. 자신뿐 아니라 주변 사람도 변화시킵니다. 다른 사람을 치유합니다. 이러한 까닭에 무엇보다 사목과 심리치료에서 사랑이 필요한 것입니다. 친절함이 없으면 신자나 환자는 자신 안에 있는 선함과 맞닿을 수 없고, 차갑게 굳어 버린 것은 온화하고 친절한 것으로 변화할 수 없습니다. 여기서 중요한 것은 치료자나 사목자에게 상대방을 친절하게 대하라고 강조하는 것이 아닙니다. 오히려 우리가 대화를 나눌 때 늘 명심해야 할 것은 우리 안에 있는 친절한 사랑, 상대방에게 다정히 관심을 기울이게끔 하는 사랑입니다. 사랑은 우리가 길어 마실 수 있는 샘입니다. 우리가 사랑에 이끌리게 된다면 우리로부터 그 어떤 선함이 흘러나올 것입니다. 이것은 노력해 얻어야 할 것이 아니라, 감사히 체험해야 할 것입니다. 바오로 사도의 말씀은 우리를 우리 안에 솟아나는 사랑의 샘과 만나게 하려고 합니다.

"사랑은 뽐내지 않습니다"

> 사랑은 시기하지 않고
> 뽐내지 않으며
> 교만하지 않습니다.

'시기하지 않는다'의 그리스어 원문은 '오우 젤로이'*ou zeloi*로, 많은 것을 의미할 수 있습니다. 예컨대 이렇습니다. 사랑은 시샘하지 않으며 시기하지 않습니다. "사랑은 자신의 견해와 선호에 대한 절대화에서, 또한 자신의 이익과 목적에 대한 이기적 열정에서 자유롭습니다"(Schrage 296). 사랑은 자신에게 머뭅니다. 타인을 샘내거나 시기하는 일이 없습니다.

사실 시기심은 대개 사랑과 연결되어 있습니다. 한번은 남편을 더없이 사랑하는 어느 부인에게 편지를 받았습니다. 남편이 자신을 사랑한다는 것도 알고, 자신에게 충실하다는 것도 알겠는데 시기심으로 마음이 괴롭다는 사연이었지요. 남편이 평소보다 사무실에 오래 있으면, 곧바로 남편과 여비서 사이에 무슨 일이 있을지도 모른다는 불안감이 엄습한다고 호소했습니다. '그이는 집구석에 오는 것보다 그 여자랑 있는 것을 좋아하나 봐. …' 그러다가 남편이 돌아오면 다짜고짜 비난했습니다. 이러한 행동이 서로 간의 사랑에 아무런 도움이 되지 않는다는 것을 부인도 모르는 바 아니었습니다. 오히려 자신의 시기심이 사랑을 깨뜨리지 않을까 두려워했습니다. 하지만 시기심에서 벗어나는 길을 찾지 못했습니다.

이런 경우라면 '사랑은 시기하지 않습니다'라는 조언을 듣는 것으로는 충분치 않습니다. 그녀는 자신의 시기심과 대화해야 합니다. 이러한 시기심은 어떠한 두려움과 연결되어 있을까요? 바로 남편을 잃을지도 모른다는 두려움입니다. 그녀의 두려움은 지난날 버림받았던 경험과 어릴 적 들었던 메시지('너는 사랑스럽지 않아, 네 곁에서는 어떤 남자도 배겨내지 못해, 너를 사랑해 주는 남자를 절대로 얻을 리 없을 거야')에 그 뿌리가 있습니다. 시기심과 대화를 나누다 보면 오래된 상처에 이르게 됩니다. 하지만 이로써 시기심이 극복되지는 않습니다. 그녀는 자신의 상처를 하느님께 내맡겨야 합니다. 그분의 사랑이 상처에 흘러들어 치유가 일어나게 해야 합니다.

또한 자문해야 할 것이 하나 더 있습니다. 시기심 속에는 어떤 갈망이 잠재할까요? 그것은 누군가에게 유일무이한 존재가 되어 사랑을 독차지하려는 갈망입니다. 이러한 갈망은 그녀에게 사랑을 향한 충족될 수 없는 욕구가 있다는 것을 일깨웁니다. 자신의 욕구를 받아들임으로써 그녀는 그것과 거리를 둘 수 있습니다. 남편의 유한한 사랑으로 자신의 무한한 갈망을 충족할 수는 없다는 것을 깨닫는 까닭입니다. 그녀는 남편의 사랑이 유한하다고 비난하지 않습니다. 오히려 그녀는 깨지지 않는 사랑, 믿을 수 있는 사랑, 절대적인 사랑을 향한 갈망을 자신의 시기심 속에서 발견하려고 합니다.

결국 이것은 신적 사랑을 향한 갈망입니다. 바오로 사도의 진의는 '자신에게 내재한 사랑'을 '인간의 유한성으로 파괴되지 않는 하느님의 선물'로 발견하는 것입니다. 그러면 우리는 시기심을 가로질러 영혼의 바탕에 이릅니다. 그곳에서는 사랑의 샘이 솟아납니다. 시기심은 우리를 자꾸만 재촉합니다. 우리 내면으로 들어가 마음의 바탕에서 사랑을 느끼게 합니다. 그 사랑은 무엇으로도 파괴할 수 없는 능력입니다. 하느님의 것이기 때문입니다.

부부들에게 '사랑은 시기하지 않는다'는 말씀을 '당신들은 시기하면 안 됩니다'라는 요구로 내세워서는 안 됩니다. 시기심은 우리의 의지로 어찌할 수 있는 문제가 아닙니다. 나는 시기 따위는 하고 싶지 않다는 부인을 한 분 알고 있습니다. 자신이 생각하는 사랑에 부합하지 않는다는 것이었습니다. 그런데 정작 그녀의 남편이 어릴 적에 알았던 여자 친구를 초대하자, 자신이 동의했는데도 시기심 때문에 견딜 수가 없었습니다. 그녀는 그런 자신을 책망했지만 아무것도 할 수가 없었습니다. 느닷없이 시기심에 사로잡힌 것입니다. 그렇다고 남편이 당신도 찬성하지 않았느냐며 그녀를 비난하는 것은 아무런 의미가 없습니다. 또한 그녀가 시기심을 자책하는 것도 소용이 없습니다. 그녀는 이 치밀어 오르는 격정 앞에 자신이 무력하다는 사실을 아주 겸허히 받아들여야 합니다. 그러면 시기심에 이끌려 자신의 내면에 들어가게 되고, 그녀 영혼의 바탕에 사랑이 있다는 것을 신뢰하게 됩니다. 그 사랑은 그녀의 내면에서 활동하고자 하는 힘입니다. 그녀가 자신의 마음속에 있는 사랑과 맞닿으면 시기심은 힘을 잃습니다. 시기심은 감정의 영역에 있습니다. 하지만 사랑은 감정의 영역보다 깊은, 영혼의 바탕에 있습니다. 우리 안의 사랑이 깃든 그곳에는 시기심도 발을 들이지 못합니다.

'뽐내다'로 번역된 그리스어 '페르페레우에타이'*perpereuetai*는 떠버리나 허풍선이 같은 사람과 관계가 있습니다. 사랑으로 충만한 사람이나 사랑을 내면의 샘으로 체험하는 사람은 타인을 멸시하며 자신을 우월한 존재로 느낄 필요가 없습니다. 자신을 실제 모습보다 과시하거나 우쭐거릴 필요도 없습니다. 뽐낸다는 것은 그 사람이 자기 자신과 맞닿아 있지 않다는 것을 암시하기 마련입니다. 뽐내는 사람은 자신을 그럴듯하게 과시할 때만 자신의 존재를 느낍니다. 하지만 자신의 참된 자기를 속 깊이 느끼지는 못합니다. 사랑은 우리를 내적 자기와 만나게 합니다. 우리에게 평온과 내적 안정을 선사합니다. 그리하여 우리는 우리 자신과 일치를 이루게 됩니다.

뽐낸다는 것은 흔히 자기존중감의 결핍이 겉으로 드러난 것입니다. 있는 그대로의 나를 무가치하게 여기는 탓에 남들 앞에서 자신을 중심에 세워야 합니다. 사람들에게 주목을 받기 위해 끊임없이 자신을 내세워야 합니다. 하지만 악순환일 뿐입니다. 계속 우쭐거리기만 한다면 사람들은 곧 멀어집니다. 나의 태도가 부정적인 영향을 미치기 때문입니다. 복음사가 루카는 몸집이 왜소한 세관장 자캐오를 이야기합니다(루카 19,1-10). 분명 자캐오는 열등감에 빠져 있었습니다. 그래서 세관장으로서 남들이 자신에게 굽실대도록 만들어야 했습니다. 그리고 되도록 많은 돈을 긁어모아 남들에게 자신의 존재를 증명해야 했습니다. 하지만 자캐오는 악순환에 빠졌습니다. 갈수록 남들에게 소외되고 멸시받았습니다. 그런 자캐오를 예수님께서 만나 아무런 조건 없이 사랑을 베푸십니다. 이런 조건 없는 사랑을 체험하며 자캐오는 치유됩니다. 이제는 더 이상 돈으로 과시할 필요가 없습니다. 재산의 반을 가난한 이에게 줄 수 있습니다. 사랑이 자캐오를 바꾸어 놓았습니다. 사랑을 체험하면서, 남들 앞에서 자신의 돈과 지위를 뽐내야 한다는 강박에서 해방되었습니다. 사랑을 체험한 사람은 뽐내지 않습니다. 사랑을 마음의 바탕에 내재한 힘으로 깨닫는 사람은 뽐내는 일이 없습니다. 이것은 남들이 강제할 수 없는 일입니다. 뽐내는 것이 본질적으로 낯설어진 셈입니다. 그러니 자연스레 뽐낼 까닭이 없습니다.

사랑하는 여자 앞에만 서면 으스대는 사람들이 있습니다. 하지만 으스대서 좋은 것도 잠시뿐입니다. 우리는 서로 가까워질수록 상대방의 본모습을 알게 되기 때문이지요. 중요한 것은 진실을 마주하는 것입니다. 아주 고통스러운 일이겠지만, 그래야 비로소 헛되이 뽐내지 않게 됩니다. 나는 아름다운 아내를 뽐내는 남자들을 알고 있습니다. 그들은 미인을 얻었다며 주위에 자랑을 해 댑니다. 하지만 이것도 오래가지는 않습니다. 언젠가는 아내가 전시물로 살아가는 것을 거부하기 때문이지요. 아내는 자신을 독립된 인격으로, '나'와 마주한 '너'로, 동등한 상대로 내세우며 남편에게 도전할 것입니다. 남편에게 이러한 관계에 대응할 준비가 되어 있지 않으면 두 사람은 갈라설 것입니다. 헛되이 뽐내는 사람은 자신과도, 또한 타인과도 바른 관계를 맺지 못합니다. 그리고 바른 관계 없이는 사랑을 이룰 수 없습니다.

사랑은 '교만하지 않습니다'. 교만에도 여러 형태가 있습니다. 남들을 무시하며 업신여길 수도 있고, 자신의 잘난 점을 은근히 내세우며 스스로 중심을 차지할 수도 있습니다. 칼 구스타프 융은 자신의 보잘것없는 자아상을 부풀리며 일어나는 '자아 팽창'에 대해 언급했습니다. 팽창된 것은 언제라도 터져 버릴 수 있습니다. 그런데 자아 팽창이 그저 타인에 대한 오만한 태도로만 나타나는 것은 아닙니다. 더욱 위태로운 유형의 자아 팽창도 있습니다. 융에 따르면 그것은 원형과의 동일시, 가령 예언자나 치유자, 조력자, 희생양 같은 원형과의 동일시입니다. 특정한 원형과 자신을 동일시하면 정작 나 자신의 욕구를 직시하지 못하게 됩니다. 동일시한 원형을 통해 무의식적으로 자신의 욕구를 대리 충족하는 탓입니다. 예컨대 예언자 원형과 동일시할 경우('감히 진리를 말하는 유일한 사람이 바로 나다!') 자신이 이러한 동일시를 통해 타인에 대한 권력욕을 해소한다는 사실을 자각하지 못합니다. 또는 스스로 순교자로 여길 경우, 이로써 자신의 소명 의식과 공격 성향을 해소하는 것입니다. 남들이 너무나 교조적이라서 바로 내가 순교자인 것이라면, 나는 세상 사람들의 주목을 받을 것입니다. 그러면 나는 무의식적으로 필생의 과업인 양 남들은 모두 편협하다고 비난합니다. 하지만 내가 필생의 사명인 양 하는 일이 그저 남들에 대한 단죄라는 것을, 그리고 나의 순교자 놀음에 모진 공격성이 잠재해 있다는 것을 알아차리지는 못합니다.

어느 집단이나 가정이나 희생양 역할을 떠맡은 사람은 존재하기 마련입니다. 그런데 희생양을 보면 어딘가 공격적인 분위기가 있습니다. 이것을 수동 공격성이라고 합니다. 겉으로는 경건하고 온화할지 모릅니다. 하지만 희생양의 곁에 있는 사람들은 불편하기만 합니다. 자신의 행복을 누리려고 하면, 괜히 양심의 가책을 느끼게 되지요.

희생자는 가해자가 되기도 쉽습니다. 희생양은 주변 사람들 위에 군림합니다. 사람들을 숨 막히게 합니다. 자신들을 위해 희생양이 된 사람을 모두들 우러르며 감사해야 하지요. 하지만 이것도 오래가지 않습니다. 언젠가는 사람들이 희생양을 거부하기 마련입니다. 또한 해결할 수 없는 갈등이 발생하기 일쑤인데, 희생양이 된 사람은 자신의 무의식적 공격성을 직시하는 것이 어려운 탓입니다.

심리치료사와 사목자에게 가장 큰 위험은 자신을 조력자 원형과 동일시하는 것입니다. 예컨대 어떤 여성과 대화를 나누다가 아무도 자신을 사랑하지 않고 아무도 자신을 안아 주지 않는다고 그녀가 털어놓는다면 나는 내 안에서 조력자나 치유자 원형이 반응하는 것을 알아차리게 될 것입니다. 나는 친근감을 표현함으로써 그녀를 도울 수 있을 것입니다. 하지만 이러한 원형을 통해 바로 나 자신이 친근감에 대한 욕구를 해소한다는 것을 알아차리지는 못합니다. 심리치료사나 사목자의 과도한 개입은 대개 치유자 원형과의 동일시와 관계가 있습니다. 물론 애처로운 남성이나 정에 목마른 여성에게 사랑을 표현하고자 하고, 이로써 그들을 치유하고자 하는 마음은 진심입니다. 그렇지만 바로 자신들이 사랑에 대한 욕구를 대리 해소하고 있다는 것은 전혀 자각하지 못합니다.

그렇다고 원형적 표상을 거부해야 한다는 것은 아닙니다. 우리는 조력자와 치유자의 역할을 맡을 수도 있습니다. 다만 이러한 역할이 곧 우리 자신인 것은 아닙니다. 우리는 어디까지나 인간일 뿐입니다. 조력자나 치유자 원형을 통해 우리는 우리 안에 숨어 있는 능력과 맞닿을 수 있습니다. 하지만 자신을 원형과 동일시한다면 우리는 자만하게 되고, 또 우리의 인간적 불완전성을 간과하게 됩니다. 사랑으로 충만한 사람은 다른 사람을 위해 조력자와 치유자가 될 수 있습니다. 하지만 동시에 자각합니다. 자신도 결점과 약점을, 한계와 욕구를 지닌 인간일 따름이라는 것을 압니다.

사랑으로 충만한 사람에게는, 나 자신도 불완전한 인간일 뿐이지만 다른 사람에게 치유의 작용을 할 수 있는 사랑이 스며듭니다. 사랑이 자신의 욕구와 뒤섞이지 않기 때문입니다. 나는 내 안에 나보다 더 큰 사랑이 있다고 확신합니다. 그리고 이 사랑이 자신에게 스며들도록 노력합니다. 나는 이 사랑을 뽐내지 않습니다. 이 사랑으로 나의 자아를 부풀리지 않습니다. 나의 자아에도 불구하고 내 안에서 솟아나는 이 사랑에 나는 감사한 마음입니다. 나에게 사랑이 스며들도록 함으로써, 나의 사랑은 나 자신과 나에게 조언을 구하는 사람에게 치유의 작용을 일으킵니다. 상대방을 공감하고 사랑하는 데만 열과 성을 다한다면 너무 힘겨울 것입니다. 나의 사랑이 헌신적으로 보일지는 모르겠지만, 상대방에게는 오히려 죄책감을 불러일으킬 것입니다. 반면 나를 통해서 흘러나오는 사랑은 치유하고 해방하며 행복하게 합니다. 나와 상대방은 우리를 변화시키고 신선하고 즐거운 풍미를 선사하는 생명의 특성을 체험합니다. 사랑은 언제나 서로를, 사랑하는 사람과 사랑받는 사람 모두를 복되게 합니다.

또 다른 형태의 교만도 있습니다. 자신의 사랑을 치켜세우는 사람들, 그래서 자신의 사랑은 평범하지 않은 척하려는 사람들이 있습니다. (누군가 그들의 말에 귀 기울일 때면 매번 늘어놓는 말인데) 그들의 사랑은 어떤 비범한 것, 심오한 것, 영적인 것, 그리고 영혼의 경이로운 일 치라고 합니다. 하지만 그렇게 치켜세우기만 한다면 사랑은 발 디딜 곳을 잃고 맙니다. 사랑이 물처럼 손가락 사이로 사라져 버립니다. 또는 자신의 파트너를 치켜세우는 사람들도 있습니다. 마침내 진짜 여자 친구를 찾았다는 젊은 남자가 있었습니다. 그녀가 자신의 구원자라는 것이었습니다. 그들의 관계는 오래가지 못할 것이 분명했습니다. 어떤 여자도 한 남자의 구원자가 될 수 없고, 어떤 남자도 한 여자의 구원자가 될 수 없는 까닭입니다. 물론 여자 친구가 젊은 남자에게 좋은 영향을 미칠 수는 있습니다. 그녀의 사랑이 그의 수많은 상처를 치유할 수도 있습니다. 그렇지만 자신의 파트너를 구원자나 조력자나 치유자 같은 원형적 표상과 동일시한다면, 상대방의 본모습을 바로 보지 못하게 됩니다. 그렇다면 구체적인 인간이 아니라 이상적 표상을 사랑하는 꼴이지요. 게다가 이상적 표상과의 사랑은 이루어질 수 없습니다.

교만의 다른 예를 들어 보겠습니다. 두 아이를 둔 어머니가 있었습니다. 그녀는 친자식들에다가 사내아이를 하나 더 입양해서 가족으로 받아들였습니다. 까다로운 아이라는 것은 알고 있었습니다. 실은 고아원을 방문했을 때부터 알아봤습니다. 하지만 '건강하게 사랑할 수 있다'고 믿었습니다. 그것은 욕심이었습니다. 아이는 문제가 많았는데도 그녀는 조건 없이 사랑하려고 헌신적으로 애썼습니다. 그럼에도 2년 후에는 현실에 직면해야 했습니다. 그 아이가 열 살 난 친아들을 성폭행한 것입니다. 다시 고아원으로 보낼 수밖에 없었지요. 그녀는 자신의 사랑을 원형적 표상과 지나치게 동일시했고, 그래서 좌절할 수밖에 없었습니다.

예비 남편이 술 때문에 문제가 있다는 것을 결혼하기 전부터 알고 있는 여성이 많습니다. 처음에는 사랑이 차고 넘쳐서 남편을 '건강하게 사랑할 수 있다'고 생각합니다. 그렇지만 나중에는 자신의 사랑으로 남편을 치유할 수 없다는 사실과 함께하는 시간 동안 그저 착각해 왔다는 사실을 고통스레 자인해야 합니다. 사랑은 거창한 표상으로 교만을 떨지 않습니다. 사랑은 구체적인 인간의 일입니다.

"사랑은 앙심을 품지 않습니다"

> 사랑은 무례하지 않고
> 자기 이익을 추구하지 않으며
> 성을 내지 않고
> 앙심을 품지 않습니다.

'무례하지 않다'(*ouk aschemonei*)는 구절을 보면 스토아철학이 떠오릅니다. 스토아철학에서 이 표현은 말과 행동의 무례하고 부적절한 태도, 그리고 인간 존엄의 훼손과 관련이 있습니다. 자신 안에 있는 사랑을 자각하는 사람은 단정한 처신, 선한 품행, 예의 바른 태도, 타인 존중에 대한 예민한 감수성이 있습니다. 독일어로 '예의'란 이를테면 자신은 그저 담담히 머물러 있으면서, 타인은 강요나 간섭 없이 있는 그대로 받아들이는 것입니다. 타인이 그은 경계에 대한 감각이 없는 사람들이 있습니다. 예의가 없는 것입니다. 그들은 자신에게 머무르지 못합니다. 타인이 자신을 드러내고 마음을 열 때까지 기다릴 줄 모릅니다.

바오로 사도는 예의 바른 태도를 다그치지 않습니다. 오히려 사랑 그 자체가 올바른 대인관계 방식과 타인을 만나고 사귀는 바람직한 방법을 찾아낸다고 굳게 믿습니다. 사랑으로 충만한 사람은 규범에 어긋나기만 하는 과장된 태도로 타인의 이목을 끌어야 할 필요가 없습니다. 사랑으로 충만한 사람은 타인에게 이로운 것이 무엇인지 저절로 압니다. 타인의 존엄을 존중합니다. 사랑은 스스로 올바른 것을 행합니다. 아우구스티누스는 말했습니다. "사랑하라. 그리고 그대가 원하는 바를 행하라"(ama et fac quod vis). 우리의 행동이 사랑으로부터 비롯된다면, 그 행동은 언제나 올바르고 알맞으며 예의 바를 것입니다.

'자기 이익을 추구하지 않는다'(ou zetei ta heautes)는 구절은 많은 오해를 샀습니다. 상당한 주석자를 오도하여 절대적 이타주의를 논하게 만들었습니다. 신학사를 보면 사랑이란 것을 '내어 주는 사랑'(amor benevolentiae)으로 이해해야 하는지 아니면 '가지려는 사랑'(amor concupiscentiae)으로 이해해야 하는지, 그리고 사랑할 때는 오직 타인만 사랑해야 하는지 아니면 자신의 행복도 함께 추구해야 하는지를 두고 격렬한 논쟁이 벌어졌습니다. 하지만 칼 라너는 이러한 양자택일 문제 자체가 그릇된 것이라고 밝혔습니다. 어떠한 사랑이든 사랑은 늘 타인과 관계되어 있고, 동시에 사랑은 타인을 자신의 행복으로 받아들입니다. 타인을 사랑하는 사람은 그 속에서 자신을 새롭고 행복한 방식으로 체험합니다(Rahner 237 참조). 심리학 덕분에 우리는 완벽한 이타주의란 불가능에 가깝다는 것을 알게 되었습니다. 우리가 하는 모든 행동에는 언제나 우리 자신의 자아와 욕구가 함께 작용하고 있습니다. 중요한 것은 자신의 의도를 알아차리고 거리를 두거나, 자신의 이기적 욕구를 그대로 둔 채 사랑이 스며들게 하는 일입니다.

누구나 사랑을 통해 무엇을 얻고자 합니다. 누구나 행복하게 살려고 합니다. 자신은 이제 이기적 욕심이 없다며 혼잣말을 할 때조차, 적어도 스스로 만족스런 기분은 느끼고 싶어 하지요. 이러한 사고를 완전히 뽑아내고자 한다면 대단한 불행일 것입니다. 이러한 사고는 이타적 사랑에 슬그머니 스며들어 뒤섞이게 됩니다. 오히려 자신의 욕구를 자각하는 편이 더 현실적입니다. '그래, 나도 나 자신을 위해 원하는 것이 있어. 하지만 지금 이 순간에는 사랑이 스며들도록 노력할 거야. 사랑은 내 안에 있어. 사랑은 뽐낼 수 없어. 나에게 사랑은 하느님께서 주신 은혜이자 사명이야'라고 되뇌는 것입니다. 그러면 나 자신의 욕구를 겸허히 이해하게 되고, 그럼에도 나 자신과 나의 욕구를 내려놓고 비로소 타인과 하느님께 온전히 헌신하게 됩니다.

사랑이 진정으로 내 안에서 샘솟으면 그 순간 나 자신을 잊게 되고 더 큰 만족을 느끼려는 내 욕구도 잊게 됩니다. 그저 사랑 안에 머무르게 됩니다. 바로 이것이 바오로 사도가 말하려는 바입니다. 사랑을 진실로 맛보는 사람은 그 순간 자신의 것을 찾지 않습니다. 그렇지만 사랑을 요구로 여긴다면 나는 그것에 부응하려고 애쓰게 되고, 그러면 나의 억압된 욕구가 내가 하는 행동에 슬며시 끼어드는 위험에 빠지게 됩니다. 내가 하는 사랑과 그에 따른 행동에 대해 지나치게 생각하면, 그 즉시 자아가 다시금 작동합니다. 마음먹는다고 나 자신을 잊을 수는 없습니다. 그러려면 나 자신을 억압해야 할 것입니다. 하지만 바오로 사도는 우리에게 약속합니다. 사랑이 내 안에서 활동하면, 성령이 내 안에서 사랑으로 샘솟으면 일순간 나 자신과 지금 이 순간 내게 떠오르는 생각으로부터 자유로워집니다. 그러면 그저 사랑이 흐를 뿐이고, 나 자신을 내어놓게 됩니다. 사랑을 자신의 공로로 삼지 않고 온전히 헌신하게 됩니다. 사랑은 그저 존재할 뿐이지만, 사랑이 샘솟는 곳에서 헌신이 나타납니다. 바로 이것이 바오로 사도가 우리에게 약속하는 바입니다. 다만 중요한 것은 약속을 신뢰하는 것입니다. 그러면 내 안에서 사랑이 샘솟고, 나 자신을 잊고 타인에게 헌신하는 체험을 거듭하게 됩니다. 이것은 행복의 순간이며, 속 깊은 하느님 체험의 찰나입니다.

그런데 사랑에 대한 이 같은 설명을 우리가 맞닥뜨리는 구체적 체험과 비교해 보면, 정작 우리의 사랑이 이타적이라고 말할 수는 없을 것입니다. 어린 시절 사랑받지 못하면 평생 동안 사랑을 갈망하게 됩니다. 이런 경우에는 자신이 사랑받고 싶어서 타인을 사랑하게 됩니다. 사랑에 굶주리고 목말라하는 것입니다. 다른 누군가에게 사랑받지 않고서는 살아갈 수 없습니다. 흔히 이러한 갈망은 우리로 하여금 자신의 자아를 잊게 만듭니다. 하지만 이러한 이타주의는 우리를 자유롭게 하는 것이 아니라, 오히려 병들게 합니다. 에리히 프롬은 신경증적 이타주의에 대해 이야기합니다. 오직 타인을 위해 살아가는 이타적인 사람들이 있습니다. 그렇지만 그들은 스스로 불행하다고 느낍니다. 신경증적 이타주의는 삶에 대한 적개심의 표현입니다. 신경증적 이타주의의 이면에는 강한 이기주의가 숨어 있습니다(Fromm 73-74 참조).

나는 사랑을 향한 강렬한 갈망으로 한 남자와 결합했지만 끊임없이 상처받는 여자를 상담한 적이 있습니다. 대화를 나누어 보니 분명해졌습니다. 그녀는 그와 헤어져야만 했습니다. 하지만 더는 사랑받지 못하리라는 두려움에 자신이 병들 때까지 그 상처투성이 사랑을 감내했습니다. 나는 여성 보호시설에서 일하는 분으로부터 남편에게 두들겨 맞는 아내의 사연을 많이 들었습니다. 학대를 피해 보호시설로 도망친 것이지요. 그런데 남편이 찾아오면, 다시 두들겨 맞으리라는 것을 뻔히 알면서도 남편을 따라 되돌아갑니다. 사랑에 굶주려서 자신의 존엄은 망각하고 다시금 사랑으로 도피하는 것입니다. 하지만 이것은 결국 사랑이 아닙니다. 그들은 타인이 자신을 열망하거나 자신에게 사랑을 약속할 때만 자신의 존재를 실감합니다. 홀로 있지 못하기 때문에 위협받고 상처받으면서도 함께 있으려고 하지요.

문제는 이러한 여성들을 어떻게 도울 수 있을까 하는 것입니다. "당신은 이타적으로 사랑해야 합니다"라고 조언한다면 당연히 도움이 되지 않습니다. 나라면 그들의 결핍에 대해, 사랑을 향한 갈망에 대해 대화를 나누겠습니다. 그리고 말하겠습니다. "사랑을 향한 당신의 갈망 안에 이미 사랑이 존재합니다. 당신은 자신의 존재를 느끼기 위해, 사랑에 대한 깊은 결핍을 충족하기 위해 남편을 원하지요. 하지만 당신은 자신을 완전히 의존적으로 만들고 있습니다. 남편이 또 때린다는 것을 당신은 압니다. 당신 자신의 내면을 느껴 보세요. 당신은 사랑이 무엇인지 알고 있습니다. 바로 그것이 당신이 갈망하는 것이지요. 당신 마음의 바탕에 사랑이 있습니다. 사랑을 신뢰하세요. 사랑은 당신의 일부입니다. 사랑이 당신의 온몸을 관통하는 모습을, 당신의 얼굴과 양손과 가슴과 배로

흐르는 모습을 상상해 보세요. 당신을 온정으로 가득 채우는 사랑이 당신 내면에 있음을 마음에 그려 보세요. 사랑은 당신을 해치지 않습니다. 당신을 존중하지요. 이 사랑은 증오로 돌변하지 않습니다. 이 사랑은 당신이 되풀이한 사랑처럼 쉽게 깨지지 않습니다. 당신 안에 있는 이 사랑을 신뢰하세요."

자신 안에 있는 사랑을 신뢰한다는 것이 사랑이 결핍된 여성에게는 그리 쉽지 않은 일입니다. 그렇지만 상처 투성이 사랑에서 벗어나는 유일한 길은 자신 안에 있는 사랑을 만나는 데 있습니다. 그녀가 자신 안에 있는 사랑을 자각하기 위해서는, 그녀를 이용하지 않고 존중하고 수용하는 사랑을 상담자로부터 체험하는 것이 필요합니다. 그런데 결핍된 여성이 상담자를 사랑하게 되는 경우도 비일비재합니다. 상담자도 결핍되었다면 구애를 받아들일 테고, 그러면 그녀의 사랑은 치유되지 못하고 또다시 의존에 빠져듭니다. 상담자 또한 자신 안에 있는 사랑을, 그 어떤 조건 없이 자신에게서 샘솟는 사랑을 체험해야 합니다. 그러면 상담자는 사랑이 필요해서가 아니라 사랑이 자신 안에 있어서 사랑하게 됩니다.

다음 구절은 '성을 내지 않는다'(*ou paroxynetai*)는 것입니다. 사랑은 이용당했다고 느끼거나, 모욕이나 무시를 받았다고 화를 내지 않습니다. 사랑이 공격성을 억압하는 것은 아닙니다. 그렇지만 사랑의 샘과 맞닿으면 수많은 자극에도 흔들리지 않습니다. 나는 쉽사리 성을 내지 않습니다. 물론 사랑과 분노의 관계를 단순하게 보아서는 안 됩니다. 사랑과 공격성은 언제나 밀접한 관계를 맺고 있습니다.

페터 쉘렌바움은 저서 『사랑 안에서의 거부』에서 공격성이라는 것이 과도한 요구로부터 사랑을 보호할 수도 있다고 밝힙니다. 타인을 사랑하려면 자신의 경계와 타인의 경계에 대한 감각이 필요합니다. 공격성은 관계의 멀고 가까운 거리를 조절합니다. 적절한 거리를 찾아야, 비로소 사랑은 오래도록 열매 맺습니다. 상대방에게 집착하면 우리의 내면은 마비됩니다. 또한 관계의 거리가 너무 가까운 탓에 언젠가는 사랑이 식어 버립니다. 공격성이 나타난다면, 이것은 조금 더 거리를 두어야 한다는 중요한 자극이고, 덕분에 우리는 계속해서 상대방을 사랑할 수 있게 됩니다. 아무리 화가 난다고, 우리는 서로 사랑하지 않는 것 같다며 헐뜯어서는 안 됩니다. 오히려 분노는 우리에게 가르쳐 줍니다. 서로 적절히 거리를 두어, 우리 안의 사랑을 오래오래 지켜 나가는 법을 일러 줍니다.

우리는 분노의 열기에 대해서도 이야기합니다. 분노의 열기는 우리를 불태우고 다른 사람을 해칩니다. 분노는 흔히 거부된 사랑의 표현입니다. 우리는 다른 사람이 우리를 사랑하기를 기대합니다. 그런데 사랑받지 못한다고 느끼거나 사랑하다 상처받으면 분노가 치밉니다. 분노는 우리 안에서 불씨가 되어 우리를 태워 버릴 수 있습니다. 그러면 모든 것이 분노와 원망에 휩싸입니다. 분노가 우리를 완전히 지배하는 것입니다. 우리가 분노하면 상대방은 다칩니다. 부부 관계를 다룬 드라마를 보면 이성을 잃고 광란의 살인극으로 치닫는 경우가 많습니다. 분노는 모든 것을 파괴할 수 있습니다.

분노를 변화시키고 분노의 힘을 사랑에 통합하는 한 가지 방법은 분노를 가로질러 영혼의 바탕에 이르는 것입니다. 우리가 본디 갈망하는 사랑은 분노 그 아래에 있습니다. 우리는 분노를 통해 우리 안에 있는 사랑을, 그렇지만 분노 때문에 떨어져 나가려 하는 사랑을 상기해야 합니다. 사랑은 불씨를, 그런데 태우는 불씨가 아니라 덥히는 불씨를 간직하고 있습니다. 우리는 누군가 사랑을 하면 그에게서 온기가 나온다고들 말합니다. 열정 없는 사랑은 없습니다. 하지만 그것은 나 자신과 내 주변 사람을 태워 버리는 열정이 아닙니다. 따뜻하게 덥히는 열정입니다. 이러한 열정은 우리를 성령의 불길과 만나게 합니다. 성령의 불길은 우리 안의 모든 것을 타오르게 하고 하느님의 사랑에 사로잡히게 합니다.

어떤 부인이 내게 털어놓기를, 퇴직한 남편이 집안일을 돕거나 집수리를 하는 데 너무 게을러서 화가 난다는 것이었습니다. 그 문제로 대화를 나눈 것도 벌써 여러 번이었다고 합니다. 하지만 남편은 신문을 읽거나 취미 생활을 하며 딴청을 피우기 일쑤였고, 부인이 혼자 일하도록 내버려 두었습니다. 신앙이 독실한 그녀는 자신의 사랑이 부족하다며 자책했습니다. 사랑은 '성을 내지 않는다'고 했기 때문입니다. 그렇지만 그녀는 자책하는 대신 자신의 분노를 남편을 일하게 만드는 힘으로 변화시켜야 합니다. 분노를 통해 자신이 남편에게 품었던 환상을 깨뜨려야 합니다. 남편은 그냥 게으른 것입니다. 그녀는 행동이 굼뜬 남자와 결혼했다는 사실을 받아들여야 합니다. 또한 그녀는 분노를 통해 자신에 대한 환상, 예컨대 자신이 언제나 친절하고 온화하다는 환상에서 벗어나야 합니다. 누구나 격렬히 분노할 수 있습니다. 이따금 우리는 우리 자신에 대해서도 바로 알지 못합니다. 분노와 화해하고, 분노를 통해서 자신과 타인을 이해해야 비로소 분노는 변화될 수 있습니다. 변화된 분노는 사랑을 열매 맺게 하고 사랑을 오래도록 지켜 나가는 법을 알려 줍니다. 분노는 우리에게 적절한 경계를 설정하는 법과 우리 자신을 돌보는 법을 가르쳐 줍니다. 분노는 우리의 사랑이 더욱 깊어지고, 열정의 힘이 사랑으로 흘러들게 합니다.

고해소에 앉아 있으면 나이 든 부인들의 하소연을 듣곤 합니다. 남편에게 심한 말로 모욕당했다는 것입니다. 부인들이 들어야 했던 것은 증오와 경멸에 찬 목소리였습니다. 어찌하다 사랑이 그런 욕지거리로 끝장난 것일까요? 사랑이라는 것이 곧잘 분노와 증오가 뒤섞여 있다는 사실을 우리는 경험으로 알고 있습니다. 분노는 구체적인 사랑의 체험에서 비롯된 환멸의 표현입니다. 특히 오래된 부부가 서로를 대하는 성난 언사나 모진 태도는 그들의 사랑이 변했다는 사실을 받아들이지 못한다는 표지입니다. 나이가 들면 서로가 전처럼 매력적이지 않습니다. 이제는 다른 사랑이 필요합니다. 상대방의 경계를 인정하며 서로 존중하는 사랑이 필요하지요. 그런데 나이 들어 변해 버린 사랑을 슬퍼하는 대신 모욕으로 환멸을 해소하는 경우가 많습니다. 많은 부부가 환멸이나 원망이나 분노 같은 감정을 겪으며 두려움을 느낍니다. 하지만 자책하는 대신 환멸을 마주하고 슬퍼해야 합니다. 그러면 그들의 사랑은 변화될 수 있습니다. 또한 환멸을 가로질러 그들 안에 있는 사랑의 샘을 만날 수 있습니다.

사랑은 '앙심을 품지 않습니다'. 사랑은 앙갚음하지 않습니다. 득실을 따지지도 않습니다. 원한을 어떻게 대갚음할까 궁리하지도 않습니다. 우리에게 이러한 성향이 있더라도, 사랑은 하느님의 선물이라는 사실을 잊어서는 안 됩니다. 단순히 의지만으로 우리 안에 사랑을 만들어 낼 수는 없습니다. 우리 안에 사랑이 있는 것은 우리 안에 하느님의 영이 계시는 까닭입니다. 이것이 바오로 사도의 약속입니다. 우리의 사명은 다만 우리 안에 있는 사랑을 신뢰하고 사랑의 샘을 만나는 것입니다.

알베르트 괴레스는 악이라는 것이 다른 사람이 자신에게 저지른 짓을 되새기고 따져 보는 데서 생겨난다고 강조합니다. 원한을 사고 원한을 갚는 악순환이 그렇게 일어난다고 합니다. 그런데 더 큰 불행은 어릴 때 당한 나쁜 일을 전혀 무관한 사람에게 대갚음한다는 사실입니다. 이를테면 어린 시절에 적어 둔 계산서를 뒤늦게 엉뚱한 채무자에게 들이미는 셈이지요. 악은 "엉뚱한 곳에서 멈출 줄 모르고 뒷북이나 치는 것"(Görres, *Das Böse* 136)입니다. 다른 사람이 자신에게 저지른 악을 되새기고 따져 본다면 악은 결코 그치지 않습니다. 악은 끊임없이 악을 낳을 것입니다. 악순환의 고리를 끊어야만, 자신이 당한 악을 계산서에 적어 넣는 일을 단념해야만 더불어 사는 삶이 실현됩니다. 사랑에는 앙갚음을 단념하는 능력이 있습니다. 그런데 이러한 능력에는 동시에 요구가 따릅니다. 앙갚음을 포기하려고 노력하는 가운데 사랑이 우리 안에 자라납니다. 말하자면 상호작용입니다. 사랑은 우리가 앙갚음을 단념하게 합니다. 앙갚음을 단념하면 우리 안의 사랑을 만나게 되고, 사랑을 만나면 그 사랑이 우리 안에서 더욱 힘차게 샘솟게 되지요.

"사랑은 진실을 두고 함께 기뻐합니다"

> 사랑은 불의에 기뻐하지 않고
> 진실을 두고 함께 기뻐합니다.

사랑은 타인에게 일어나는 불의에 기뻐하지 않습니다. 사랑은 도무지 불의한 일을 저지를 수 없습니다. 간계도 포악함도 알지 못합니다. 바른 일을 행합니다. 타인을 정당하게 평가하고 올바르게 대합니다. 또한 사랑은 타인의 불행에 기뻐하지 않습니다. 타인이 나쁜 일을 당하거나 모욕을 받거나 부당하게 취급받아도 기뻐하지 않습니다. 사랑은 누구나 정당하게 대접받고 바르게 살아갈 수 있기를 바라지요. 사랑은 타인에게 이로운 것이 무엇인지 직감으로 압니다. 불의를 비롯해 그릇된 힐난과 고발, 부당한 행위를 예민하게 알아차립니다.

사랑은 진실(진리)에 기뻐합니다. 여기서 진실이란, 주석자들이 칠십인역 성경의 언어와 관련지어 생각한 것처럼 의로움이나 올바름을 의미할 수 있습니다. 하지만 나에게 진실은 또 다른 의미가 있습니다. 그리스어로 진실을 뜻하는 '알레테이아'*aletheia*는 현실을 가린 장막을 걷어 낸다는 의미입니다. 마르틴 하이데거의 말을 빌리면 진실은 '존재의 비은폐성'입니다. 본래의 것이 드러나는 것입니다. 현실이 나의 투사 때문에, 내가 세상을 관찰하는 색안경 때문에 왜곡되지 않는 것입니다. 사랑은 인식의 원천입니다. 사랑은 사상事象을 있는 그대로 바라보게 합니다. 또한 있는 그대로 기뻐합니다.

히브리어로 '진실'을 뜻하는 '에문나'*emuna*는 진실의 또 다른 의미를 가르쳐 줍니다. 진실은 항구성, 불변성, 신뢰성을 의미합니다. 진실은 진실에 합당한 행위 속에서 끊임없이 증명되어야 합니다. 진실의 가치는 언제나 인간 상호 관계의 신뢰성에 달려 있습니다. 타인과의 올바른 관계 없이는 진실도 없습니다. 독일어에서도 진실은 '신뢰할 만한', '신뢰할 수 있는'이라는 의미가 있습니다. 또한 '호의'나 '친절' 같은 단어의 어원과 관계가 있기도 한데, 요컨대 진실은 신뢰를 형성하는 것입니다. 나에게 호의를 보이려는 사람, 나를 친절히 대하는 사람만이 진실을 말해 줄 수 있습니다. 그러니 누군가를 가혹하게 비난하거나 힐난하는 것은 무의미한 짓입니다. 이것은 진실과 반대될 따름입니다. 진실은 언제나 미덥고 친절한 관계와 연관이 있습니다. 사랑과 진실은 본질적으로 서로 결속되어 있습니다. 타인을 사랑할 때만 그에게 진실을 보여 줄 수 있습니다. 그리고 자신이 있는 그대로 수용되고 사랑받는 것을 알아차릴 때만 타인은 그 자신의 진실을 감내할 수 있습니다.

사랑은 진실에 눈멀게 하는 감정이 아닙니다. 물론, 사랑하면 눈에 뵈는 게 없다는 말이 있기는 합니다. 사랑에 빠지면 자신의 감정에 매몰되어 상대방의 실제 모습을 보지 못합니다. 상대방을 미화하고 예찬합니다. 상대방에게서 나에게 맞는 것만 보려고 합니다. 그렇지만 진정한 사랑은 진실에, 나 자신의 진실과 상대방의 진실에 기뻐합니다. 오직 사랑만이 내가 상대방에게 진실을 말하게 합니다. 또한 내가 나 자신의 진실을 단지 분석적인 눈으로만 보지 않게 합니다. 나 자신의 진실을 직시하기 위해서는 사랑의 눈이 필요합니다. 사랑의 눈은 평가하지 않습니다. 현실이 있는 그대로 존재하게 합니다. 진실이란 현실이 있는 그대로 드러나는 것입니다.

가브리엘 마르셀의 관점에서 보면, 사랑이 진실에 기

뻔한다는 것은 또 다른 의미가 있습니다. 마르셀은 마르틴 하이데거에 이어서(마르셀은 하이데거의 철학에 정통하면서도 거리를 둡니다) 존재자의 존재를 언급합니다. 존재는 존재자의 본질입니다. 이러한 존재는 마르셀에게 결국 사랑입니다. 존재는 존재자를 밝게 합니다. 마르셀에게 존재는 모든 존재자의 근원이며, 동시에 모든 사유의 근원입니다. 그리고 마르셀에게 존재는 사랑과 동일합니다. 이것이 나에게 의미하는 바는 진실이 우리에게 더 명료해질수록, 우리가 존재를 더 많이 접촉할수록 모든 현실의 근원인 사랑과 더 깊이 만나게 된다는 것입니다. 존재자의 존재가 뚜렷이 드러날 때, 그 존재는 사랑으로 체험될 수 있습니다. 사랑은 온 현실을 관통합니다. 그러니 우리가 현실과 현실에 대한 진실을 접촉하면 할수록, 사랑은 우리에게 그만큼 더 명료히 인식됩니다. 그리고 반대로, 사랑만이 본질적 진실을 인식할 수 있습니다. 타인을 사랑하는 사람에게는 모든 장막이 사라져서 현실의 본질, 즉 존재자의 존재가 밝게 빛납니다. 사랑은 우리를 우리 자신의 진실로, 나아가 타인의 진실로 이끕니다. 타인을 사랑할 때만 우리는 그 사람을 진실로 알 수 있습니다. 사랑이 없으면, 타인을 바라보는 우리의 안경이 가려집니다. 사랑이 우리에게 진실을 열어서 보여 줍니다.

'함께 기뻐한다'는 말의 그리스어 원어는 '신카이레이' synchairei입니다. 함께 기뻐한다는 말을 들으면 나는 사목이나 심리치료에서, 또는 두 사람이 나누는 건강한 대화에서 일어나는 변화가 떠오릅니다. 대화를 나누는 두 사람이 진실에 맞닿아서 함께 기뻐할 때 건강한 대화는 절정에 이릅니다. 내담자가 마침내 자신의 진실에 다다를 때, 용기를 내어 자신의 현실을 직시할 때 치료자는 함께 기뻐합니다. 치료자보다 더 중요한 것은 변화 그 자체입니다. 치료자는 그 변화를 자신의 공으로 여기지 않습니다. 사람들이 자신의 진실을 받아들일 때 기적이 일어난다는 사실을 알아차릴 뿐입니다.

어느 치료자가 말하기를, 자신에게 조언을 구하러 오는 부부들이 이따금 사랑이라는 이름으로 그들 내면의 진실을 숨긴다는 것입니다. 자신들의 관계가 끝났다는 사실을 부정하려 한다는 것이지요. 이미 공허해진 관계에 사랑의 활력을 불어넣을 수 있는 지점이 어디인지, 그리고 우리가 자신의 진실을 회피하고 (사랑이면 만사형통이라는 듯이) '경건한 반창고'를 붙이는 지점이 어디인지 판단하는 것은 물론 어려운 일입니다. 이러한 경우에도 중요한 것은 사랑을 신뢰하는 것, 그럼에도 사랑 안에서 진실을 직시하는 것입니다. 진정한 사랑은 관계가 끝난 것이 진실이라 하더라도 다시금 용기를 냅니다. 사랑은 진실을 거부하지 않고 도리어 드러내서 모두를 치유합니다.

"사랑은 모든 것을 견디어 냅니다"

> 사랑은 모든 것을 덮어 주고
> 모든 것을 믿으며
> 모든 것을 바라고
> 모든 것을 견디어 냅니다.

사랑에 대한 묘사는 이처럼 함축적인 구절로 끝나는데, 여기서 바오로 사도는 '모든 것'(*panta*)이라는 표현을 네 차례 강조합니다. 신약성서학자 볼프강 슈라게는 이것을 진기한 압박감을 내포한, 숨 막히는 문장이라고 말합니다.

나는 네 진술을 하나하나 살펴보겠지만, 또한 '모든 것'이라는 표현이 네 진술을 한데 묶고 있다는 점을 계속 유념하겠습니다.

그리스어 원문에서는 '모든 것을 덮어 준다'는 말을 '판타 스테게이'*panta stegei*라는 말로 이르는데, 이것은 다양하게 번역될 수 있습니다. 독일어 공동번역 성경처럼 '모든 것을 참습니다'라고 번역되기도 하고, '모든 것을 덮어 줍니다', '모든 것을 비밀로 해 둡니다', '모든 것을 침묵으로 덮어 줍니다'로 번역되기도 합니다. 말뜻대로라면 두 해석이 모두 가능합니다. 그리고 두 해석이 다 같은 뜻입니다. 그래서 많은 주석자가 두 해석을 관련지었습니다.

사랑으로 충만한 사람은 지나친 부담으로 여기지 않으면서도 많은 것을 참고 인내할 수 있습니다. 그런데 이것은 '자신의 감정과 욕구를 무시하고, 사람들이 우리에게 기대하는 모든 것을 인내해야 한다'는 도덕적 설교가 아닙니다. 사랑은 아무 불평도 하지 않는 수동적 태도가 아닙니다. 이러한 인내는 '자신에게 닥치는 모든 고난을 참아 내야 한다'는 스토아적 요구를 떠오르게 합니다. 바오로 사도는 그리스도인들이 그들의 행동으로 스토아적 요구를 실현할 수 있다고 확신하고 있습니다. 바오로 사도는 그리스도인들에게, 타인에게 모범을 보이고 스토아철학이 요구하는 바를 만인 앞에서 실천하라고 권고하곤 합니다.

하지만 여기서 중요한 것은 사랑의 능력입니다. 사랑으로 충만한 사람은 부러지지 않으면서 많은 것을 견뎌 낼 수 있습니다. 그렇지만 사랑은 그 자체로 어떤 덮어 주는 것입니다. 사랑은 불쾌한 모든 것을 자신의 외투로 덮어 줍니다. 사랑은 우리가 인정하고 싶지 않은 모든 것을 '양탄자 아래로 쓸어 넣어 감추지' 않습니다. 오히려 우리에게 언짢은 것, 부담스러운 것, 우리 안에 있는 벌거벗은 것, 우리를 얼어붙게 하는 것을 외투처럼 다정히 덮어 줍니다. 그렇게 사랑은 부정적인 것이 힘을 잃게 합니다. 이것은 우리 안에 있는 언짢고 부정적인 것뿐만 아니라, 다른 사람 안의 것에도 마찬가지입니다. 우리는 우리 자신 안에 있는 것과 다른 사람 안에 있는 것을 바로 봅니다. 그것을 몰아내거나 억누르지 않습니다. 그것을 사랑으로 바라보며 덮어 줍니다. 사랑의 외투 아래에서는 언짢고 적대적인 것이 변화될 수 있습니다. 그때는 그것이 우리를 지배하지 않고 우리의 일부가 됩니다. 우리의 여정에서 힘과 도움이 되어 줍니다.

또한 그리스어 '스테게인'*stegein*은 지붕이나 덮개를 떠올리게 합니다. 사랑은 다른 것으로부터 보호해 주는 지붕과 같습니다. 우리가 사는 집에 습기가 스미는 것을, 부정적인 기운이 내려앉는 것을 막아 줍니다. 사랑은 우리가 머물며 좋은 기분을 느낄 수 있는 집이자, 밖에서 쳐들어오려는 자들에게서 우리를 지켜 주는 집입니다. 사랑이라는 집에 머무르는 사람은 다른 사람들에게도 보호처를 마련해 줄 수 있는데, 여기서 그들은 보호와 안식을 체험합니다.

성경에는 다른 사람의 벌거벗은 몸을 사랑하는 마음에 겉옷으로 덮어 준 이야기가 나옵니다. 포도밭을 가꾸던 노아는 포도주를 마셨습니다. 그러다 취하여 벌거벗은 채 자기 천막 안에 누워 있었지요. 아들 함은 아버지의 알몸을 보고 형제들에게 알렸습니다. 아버지의 벌거벗은 모습을 떠들어 대고 헐뜯은 것이지요. 하지만 노아의 다른 두 아들은 겉옷을 집어 들었습니다. "둘이서 그것을 어깨에 걸치고 뒷걸음으로 들어가, 아버지의 알몸을 덮어 드렸다. 그들은 얼굴을 돌린 채 아버지의 알몸을 보지 않았다"(창세 9,23). 그들은 아비의 벌거벗은 몸을 사랑으로 덮어 가렸습니다. 술에서 깨어난 노아는 함이 자신에게 한 짓을 알게 되었고 아들놈을 저주했습니다.

다른 사람의 허물을 퍼뜨리는 사람은, 결국 그 때문에 자신도 해를 입습니다. 다른 사람의 허물을 사랑으로 덮어 준다고 해서 진실에 눈감는 것은 아닙니다. 그렇지만 인정머리 없는 자들이 다른 사람의 진실에 대해 왈가왈부하지 못하도록 허물을 덮어 둡니다. 사랑으로 덮어 준다는 것은 다른 사람을 판단하는 것이 아니라, 사랑의 보호 아래 성숙하고 자신의 허물을 바로잡으리라고 신뢰하는 것입니다.

초기 은수자들도 비슷하게 보았습니다. 대大 마카리우스에 대해 내려오는 이야기가 하나 있습니다. "그분은 성경(시편 82,6)에 이르듯 지상의 신이었다. 과연 하느님께서 세상을 보호하고 감싸 주시듯, 마카리우스는 당신이 본 결점을 마치 보지 못한 것처럼 덮어 주었고, 당신이 들은 말을 마치 듣지 못한 것처럼 덮어 두었다"(Apophthegma 485). 마카리우스는 형제들의 결점과 허물을 사랑의 외투로 덮어 주었습니다. 그것을 억지로 몰아내려는 것이 아니라, 그것이 내는 상처를 하느님 사랑 안에서 치유하려는 것이었습니다.

  사랑은 '모든 것을 믿습니다'(panta pisteuei). 사랑은 다른 사람의 모든 것을 믿습니다. 다른 사람을 신뢰합니다. 다른 사람을 포기하는 법이 없습니다. 사랑은 다른 사람 안에 있는 선한 본질을 믿습니다. 사랑은 다른 사람 안에 있는 악하고 냉혹한 구석을 간과하지 않습니다. 오히려 그것을 가로질러 신적 본질을, 선에 대한 깊디깊은 갈망을 응시합니다. 인간은 누구에게나 선하고자 하는 갈망이 숨어 있습니다. 인간의 깊디깊은 본질은 흠 없이 선합니다. 개신교 신학자들은 이러한 해석에 반대하곤 합니다. 하지만 바오로 사도는 우리 안에 머무르시는 영에 대해 이야기합니다. 영이 우리 안에 머무르시는 곳에서 우리는 흠 없이 온전하고 거룩하며 선합니다. 사랑은 분명 성령의 은사입니다. 나아가 바오로 사도는 사랑과 성령을 동일시합니다. 따라서 우리는 인간 모두의 내면에서 성령이 활동하신다는 것을 믿을 수 있습니다. 그리고 하느님의 영이 계시는 곳에서 인간은 악에 의한 모든 종살이에서 벗어나고 자신 안에 있는 선한 본질, 신적 본질을 만납니다. 또한 하느님께서 인간에게 정해 놓으신 본원적 모습, 손상되지 않은 모습을 만납니다. 사랑은 다른 사람의 모든 것을 믿습니다. 하느님이 그 사람을 위해 많은 것을 마련해 놓으셨다는 것을 알기 때문입니다.

'사랑은 모든 것을 믿습니다'라는 문장이 나에게는 누구도 포기해서는 안 된다는 촉구입니다. 나는 환멸을 느낄 때마다 이 문장을 붙들고 놓지 않습니다. 환멸은 어쩔 수 없는 현실입니다. 누군가 내 마음을 그렇게 아프게 할 줄은, 내 믿음을 그렇게 이용해 먹을 줄은 생각지도 못했습니다. 하지만 환멸에만 머물러 있을 수는 없습니다. 나는 겉으로 드러난 것에 의지하지 않고, 그 사람 안에도 선하고자 하는 갈망이 있다는 것을 믿으려고 합니다. 그리고 그 사람의 선을 향한 갈망에 내가 어떻게 답할지 숙고합니다.

영성 사목과 심리치료에서도 이 문장은 아주 중요한 의미가 있습니다. 어떤 사람들은 어렸을 때 너무 깊은 상처를 받아서 커서도 온전히 치유되지 않는 듯합니다. 하지만 우리 안에 있는 사랑을 신뢰하면 그 사람에 대한 믿음을 포기하지 않게 됩니다. 그때는 우리가 그 사람 내면으로 묵상해 들어가려고 애씁니다. 딱딱하게 굳어 버린 껍질을 뚫고 들어가, 상처 입었지만 신적인 아이를 그 사람 내면에서 찾아내 다정히 불러냅니다. 그 사람 안에는 상처 입고 불안정하지만 선하고 온전한 본질이 있다는 사실을 우리는 믿습니다. 우리는 사랑과 믿음의 눈으로 이러한 본질을 찾아내려 합니다. 우리가 그것을 믿음으로써, 그 사람도 그것을 믿을 수 있고 자신을 포기하지 않을 수 있는 것입니다. 우리의 믿음은 자신에 대한 믿음과 자신 안에 있는 선에 대한 믿음이 천천히 자라날 수 있는, 그 사람을 위한 공간입니다.

사랑은 '모든 것을 바랍니다'(*panta elpizei*)라는 표현이 독일어에서는 '희망합니다'(hoffen)로 되어 있는데, 이 단어는 '껑충껑충 뛰다'(hüpfen)라는 말에서 유래합니다. 이것은 내적 생동성을 나타냅니다. 희망하고 바라는 사람은 생기로 가득 차 있습니다. 무엇을 희망한다는 것은 기대한다는 것과 다릅니다. 프랑스 철학자 가브리엘 마르셀은 『희망의 철학』이라는 책을 썼는데, 여기서 마르셀은 희망이라는 것은 특정한 기대를 가지는 것이 아니라고 강조합니다. 희망은 사랑의 관계에서 생겨나기 마련입니다. 우리는 희망을 다른 사람'에게' 걸기도 하지만, 다른 사람을 '위해' 걸기도 합니다. 말하자면 희망은 다른 사람을 결코 포기하지 않는 사랑이 표현된 것입니다. 우리는 다른 사람 안에 있는 선한 본질이 발휘될 때까지, 하느님께서 선사하신 생명이 다른 사람 안에서 꽃필 때까지 기다릴 수 있습니다.

바오로 사도는 희망에 대해 이렇게 말합니다. "보이는 것을 희망하는 것은 희망이 아닙니다. 보이는 것을 누가 희망합니까? 우리는 보이지 않는 것을 희망하기에, 인내심을 가지고 기다립니다"(로마 8,24-25). 희망은 다른 사람 안에 있는 보이지 않는 것을 불러냅니다. 우리는 모든 사람이 온전해지기를 희망합니다. 또한 모든 사람이 언젠가는 선을 향한 갈망과 성취하는 삶을 향한 갈망을 신뢰하고 변화의 여정을 떠나기를 희망합니다. 하지만 우리에게 보이는 것이라고는 대개 아무것도 없습니다. 마음이 병든 사람들, 마음이 닫혀 있고 환멸을 느끼는 사람들만 보일 뿐입니다. 그럼에도 우리는 보이지 않는 것에 희망을 겁니다. 다른 사람 안에 있는 온전하고 건강한 부분은 잘 보이지 않습니다. 하지만 우리는 희망하기 때문에, 마음을 닫고 자신 안에 갇힌 사람들을 계속해서 사랑할 수 있습니다. 우리는 그들이 경직된 얼굴을 버리고, 그들 안에 있는 생명을 신뢰하기를 희망합니다.

하지만 희망은 다른 사람이 아닌 우리 자신과도 관계가 있습니다. 오랫동안 심리치료를 받고 본격적으로 영성의 길을 걷고도 아무 소용이 없다고 느끼는 사람이 많습니다. 나아진 게 없다는 것이지요. 그들은 여전히 똑같은 과오를 범하며 괴로워합니다. 전처럼 신경질적이고 불안정합니다. 하지만 내 안에 사랑이 있으면 희망을 결코 포기하지 않고, 나 자신도 결코 포기하지 않습니다. 아직 보이지 않지만 내 안에 있는 것에, 선한 본질에, 그리고 하느님께서 나에게 베푸신 가능성에 희망을 겁니다. 여러 상처로 아파할 때면 그 상처가 진주로 변하기를, 그리고 내적 여정을 거쳐 하느님께서 나에게 정해 놓으신 유일무이한 모습으로 성장하기를 희망합니다.

베른하르트 벨테는 사랑을 철학적으로 분석하며 사랑과 희망의 긴밀한 관계를 강조합니다. 사랑은 우리가 다른 사람에 대해 피상적으로 받아들인 것을 그 사람에게 강요하지 않습니다. 사랑은 다른 사람이 은폐하고 거부하는 것을 뚫고 들어가서, "엉클어진 삶의 가시덤불 아래에서 … 겁먹고 두려워하지만, 그럼에도 아름다운 희망이 있는 '너'를, 이러한 희망 속에 멋진 가능성을 지닌 '너'를"(Welte 39) 발견합니다. 사랑은 "남몰래 희망하는 사람과 함께 용감히 희망합니다. 희망이 없어도 희망합니다. 그리고 이로써 사랑은 겁먹은 희망에 활력을 불어넣습니다"(같은 책 39-40). 말하자면 벨테의 철학은 사랑은 모든 것을 바란다는 바오로 사도의 언설을 증명하는 셈입니다. 사랑은 다른 사람에게 잠재한 가능성이 발휘될 때까지 기다릴 줄 압니다.

도로테 죌레는 베르톨트 브레히트와 막스 프리쉬의 사랑에 대한 견해를 서로 비교하고 고찰하며 그리스도교적 사랑의 본질을 부각했습니다. 막스 프리쉬에게 사랑은 상대방에 대해 특정한 표상을 만들지 않는 것을 의미합니다. 프리쉬가 말하는 것은 사랑에 대한 어떤 본질적인 것입니다. 하지만 특정한 표상을 만들지 않는다는 것은 자칫하면 체념으로 귀결될 수도 있습니다. 상대방을 방치하게 되는 것이지요. 베르톨트 브레히트는 사랑에 대한 또 다른 관점을 짧은 글로 드러냅니다. "'당신은 한 사람을 사랑하면 무엇을 하십니까?' 그 사람에 대한 어떤 그림을 그려 보고 비슷해지도록 하죠, 하고 K가 말했다. '사람이요? 그림이요?' K가 답했다. 아니요, 사람이 그림에 비슷해지게요'"(Sölle 30에서 재인용). 여기에는 누군가를 사랑하는 사람이 상대방에게 자신의 그림을, 즉 자신의 표상을 강요하는 태도가 잘 드러나 있습니다. 도로테 죌레는 믿음과 희망이 없으면 두 견해의 팽팽한 대립이 결실을 맺지 못한다고 말합니다.

> 사랑은 상대방에 대해 그림을 그리고, 희망이 없으면 생각할 수 없으며, 그럼에도 다시금 그 그림을 쳐서 자기 손에서 떨어뜨려 버린다. 사랑은 동상銅像 만드는 사람들처럼 과거를 절대화하지도 않고, 완벽한 설계자들처럼 미래를 예측하지도 않는다. 희망하지 않고는 사랑할 수 없으며, 믿지 않고는 사랑할 수 없으니, 요컨대 나의 그림이 모든 것은 아니라는 것을, 그림의 실패 또한 아직은 사랑의 가능성의 끝이 아니라는 것을 믿는 것이다(Sölle 36).

쵤레가 확신하듯 믿음과 희망이 사랑을 지켜 줍니다. 믿음과 희망은 사랑이 상대방에게 일정한 표상이나 모습을 강요하지 않도록 막아 주고, 또한 체념에 빠져 상대방을 방치하지 않도록 지켜 줍니다. 믿음과 희망이 없으면 진실한 사랑도 없습니다.

희망하는 사랑은 모든 형태의 양육과 영적 동반과 심리치료의 전제 조건이기도 합니다. 보이지 않는 것을 희망하지 않으면, 부모는 아이를 양육할 수 없습니다. 사랑은 아이에게 잠재한 생명력이 활짝 꽃피기를 희망합니다. 사목자와 치료자는 결코 희망을 버리면 안 됩니다. 내담자의 내면에 있는 것에 희망을 걸 때 사목자와 치료자는 기다릴 수 있습니다. 이것은 능동적인 동시에 인내심 있는 기다림이자 희망에서 비롯된 기다림입니다. '이분은 건강해질 거야. 내적 여정과 외적 여정에서 모두 앞으로 나아갈 거야'라고 희망하는 것입니다. 희망에 대한 가브리엘 마르셀의 견해는 유효합니다. 우리는 치유 과정에서 어떤 결과에 희망을 거는 것이 아니라 내담자에게 희망을 걸고, 또한 내담자를 위해 희망을 거는 것입니다. 믿음과 희망에서 샘솟는 사랑은 내담자를 포기하지 않고, 오히려 그에게 잠재한 선한 것을 불러내려고 애씁니다. 겉으로는 닫혀 있어 보여도, 아무런 희망이 없어도 포기하지 않고 애씁니다.

'모든 것을 견디어 낸다'(panta hypomenei)는 말은 다양한 것을 의미할 수 있습니다. '히포메네인'hypomenein은 하느님을 지향하는 것입니다. 하느님을 기다리는 것, 하느님을 고대하는 것을 뜻합니다. 그러니 이것은 희망에 가깝습니다. 그리스도인들은 사랑 안에서 하느님을 기다려야 하고, 현실의 시련 속에서 고난에 아랑곳하지 않아야 하며, 그분을 바라보고 그분께 희망을 걸어야 합니다.

현실에서 직면하는 체험과 관련짓는다면 '히포메네인'은 '쓰러지지 않다', '견디어 내다', '맞버티다'라는 의미가 있습니다. 여기서 그리스인들은 적군의 돌격을 견디어 내는 병사들, 달아나지 않고 쓰러지지 않는 병사들을 떠올립니다. 명사 '히포모네'hypomone가 독일어에서 흔히 '인내'로 번역됩니다. '인내'라는 단어는 어딘가 수동적인 태도가 생각나는데, 하지만 '히포모네'는 능동적인 것입니다. 견디어 내고, 맞버티고, 굳건히 지키는 것입니다. 이것은 적군의 위세에 맞서 저항해야 하는 사내들을 고려한 사내다운 덕목입니다. 로마인뿐 아니라 그리스인도 사내다운 인내를 소중히 여겼습니다. 정치가이자 철학자인 키케로에게 인내의 본질은 모든 시민을 구하기 위해 엄청난 과업과 엄청난 고통을 감당하는 데 있었습니다(Spanneut 243 참조). 교부들도 인내의 덕목을 찬미합니다. 초기 그리스도인들이 고난을 인내하며 감당한 덕에 로마 시민들이 신앙을 받아들일 수 있었습니다. 사랑은 고난 앞에서 달아나지 않습니다. 고난을 받아들이고 견뎌 냅니다. 하느님을 바라보며 그분의 구원을 희망하기 때문입니다. 사랑은 모든 것을 견디어 낸다고 바오로 사도가 말한다고 해서, 부부들에게 모든 어려움을 감내해야 한다고 요구할 수는 없습니다. 배우자를 사랑한다면, 상대방의 모든 불행도 받아들여야 하고, 상대방이 결혼 생활에서 경험하는 고통도 견디어 내야 합니다. 하지만 이것은 수동적 태도입니다. 바오로 사도가 말한 것은 조금 다른 것입니다. 자신 안에 있는 사랑을 느끼는 사람은 갈등을 이겨 낼 수 있습니다. 인내력이 있는 것입니다. 사랑은 다른 사람의 적대적이고 공격적인 태도를 견뎌 낼 수 있도록 해 주는 힘입니다. 사랑은 우리가 뒤로 물러나지 않게 합니다.

배우자가 자신에게 많이, 그리고 또 깊이 상처를 주는 데도 모든 것을 감내하며 결코 저항하지 않는다고 능사는 아닙니다. 그것은 아마 체념일 것이고, 마조히즘으로 귀결될지 모릅니다. 오히려 견디어 낸다는 것은, 자신의 사랑 안에서 굴복하지 않는다는 뜻입니다. 나는 쓰러지지 않습니다, 나는 사랑에 응답합니다, 나는 배우자에게서 느끼는 공격적인 힘보다 사랑이 더 강해지리라고 희망합니다, 그럼에도 나는 모든 것을 견디어 낼 수는 없다는 것을 더없이 겸손하게 인정해야 합니다.

사랑은 우리가 패배하기를 바라지 않습니다. 우리에게 과도한 요구를 하지도 않습니다. 우리가 지게 되는 짐이 너무 무겁더라도, 우리 안에 있는 사랑과 맞닿으면 그것이 견뎌 내지 못할 것으로 느껴지지 않습니다.

비난과 적의는 우리 안에 있는 사랑이 머무르는 내적 영역으로 침입하지 못합니다. 사랑이 있는 곳에서 우리는 다른 사람의 지배를 허락하지 않으며, 스스로 인내할 수 있습니다. 다른 사람이 비난하더라도 우리는 사랑을 빼앗기지 않습니다. 우리는 사랑 안에서 굳건히 견디어 냅니다. 사랑은 우리에게 인내력을 줍니다. 사랑은 우리가 안전히 서 있을 수 있는 바위와 같습니다.

"사랑은 언제까지나 스러지지 않습니다"

    사랑은 언제까지나 스러지지 않습니다.
    예언도 없어지고
    신령한 언어도 그치고
    지식도 없어집니다.
    우리는 부분적으로 알고
    부분적으로 예언합니다.
    그러나 온전한 것이 오면
    부분적인 것은 없어집니다.
    내가 아이였을 때에는
    아이처럼 말하고
    아이처럼 생각하고
    아이처럼 헤아렸습니다.
    그러나 어른이 되어서는
    아이 적의 것들을 그만두었습니다.

우리가 지금은 거울을 통해 수수께끼로 보지만

그때에는 얼굴과 얼굴을 마주 볼 것입니다.

내가 지금은 부분적으로 알지만

그때에는 하느님께서 나를 온전히 아시듯

나도 온전히 알게 될 것입니다.

'스러지다'로 번역된 그리스어 '피프테인'*piptein*에는 '넘어지다'라는 의미도 있습니다. 그렇다면 이 구절은 모든 것을 견디어 내는 사랑과 무거운 짐에 무너지지 않는 사랑을 언급한, 앞선 구절과 관계가 있는 셈입니다. 그럼에도 많은 주석자가 '피프테인'을 '스러지다'로 번역합니다. 이 구절을 뒤의 구절과 관련지은 것입니다. 뒤의 구절에서 바오로 사도는 오직 사랑만이 계속될 뿐, 코린토 신자들이 중요시한 두 가지 은사, 즉 지식과 예언의 은사는 그저 스러지는 것도 아니고 없어진다고 꼬집어 말합니다.

바오로 사도는 자신을 사랑에 대한 성찰로 이끈 조건절을 다시금 언급합니다. 사랑이 없으면 지식과 예언은 아무것도 아니라는 것입니다. 이제 바오로 사도에게 중요한 것은 오직 사랑만이 계속된다는 사실입니다. 사랑은 카리스마, 즉 하느님의 은사일 뿐 아니라 "시간 속의 영원의 발현"(Conzelmann 266)입니다. 반면 지식과 예언의 은사는 "영의 일시적 발현"(같은 곳)입니다. 두 은사는 그저 예수 재림을 기다리는 동안 우리에게 주어진 위로의 선물일 뿐입니다. 그래서 바오로 사도는 편지 앞머리에서 코린토 신자들에게 말했습니다. "그리스도에 관한 증언이 여러분 가운데에 튼튼히 자리를 잡은 것입니다. 그리하여 여러분은 어떠한 은사도 부족함이 없이, 우리 주 예수 그리스도께서 나타나시기를 기다리고 있습니다"(1코린 1,6-7).

또한 바오로 사도는 사랑과 두 은사의 차이를 또 다른 표상으로 묘사합니다. 지식과 예언은 '부분적인 것'이나 사랑은 '온전한 것'입니다. 지식과 예언은 하느님의 일면만 드러내 보일 뿐입니다. 그렇지만 사랑은 하느님 그분께로 온전히 우리를 이끕니다. 코린토 신자들은 신령한 언어와 예언을 통한 무아 체험을 자랑했습니다. 하지만 이러한 무아 체험을 통해 우리가 하느님께 주목하더라도, 참여하지는 못합니다. 오직 사랑으로만 그분께 참여할 수 있습니다. 우리는 이 사랑을 다름 아닌 일상의 평범한 행동으로 증명해야 합니다.

하느님께서 선사하신 사랑으로 일상을 살아감으로써, 우리는 그분께 참여하게 됩니다. 그리고 하느님에 대한 참여는 그리스도께서 당신 영광 속에서 드러나실 때 완성됩니다. 요한 1서에 이르듯 "하느님은 사랑"(1요한 4,16)이신 까닭입니다. 우리가 그분 안에서 완성되어도 사랑은 계속됩니다. 사랑은 단지 현세의 여정을 성취하는 것을 도우려고 하느님께서 주신 선물이 아닙니다. 사랑은 하느님 당신입니다. 하느님은 언제까지나 스러지지 않으십니다. 그분은 우리를 죽음 속에서 지금껏 생각지 못했던 방식으로 완성하십니다. 그분은 우리에게 당신과의 일치를 선사하시고, 이러한 일치 안에서 사랑의 완성을 베푸십니다. 사랑은 죽음 속에서 완성됩니다. 그리고 죽음 후에도 계속됩니다. 사랑은 죽음보다 강합니다. 사랑은 죽음 속에서 완전해집니다. 그때는 우리 인간존재의 부분적인 것이 스러지고, 하느님이 당신 사랑 안에서 우리를 온전하게 하실 것입니다.

이어서 바오로 사도는 아동기와 성인기라는 상이한 생애 단계를 대비합니다. 아이였을 때는 아이처럼 생각하고 말했지만, 어른이 되어서는 아이 적의 것을 그만두었다는 것입니다. 고대에는 아이와 어른의 대비를 즐겨 사용했습니다. 바오로 사도는 '부분적인 것'을 아이 단계의 것으로 구분합니다. 이로써 바오로 사도가 말하고자 하는 바는, 우리가 현세에서 중요시하고 자랑스러워하는 모든 것은 '온전한 것'에 비하면 미숙할 따름이니, 그때는 우리가 하느님을 거울을 통하지 않고 얼굴을 마주하고 본다는 뜻입니다. 거울은 그리스인들에게 유행하는 상징이었습니다. 플라톤에서 플루타르코스에 이르기까지 그리스 철학자들에게 거울은 우리가 신을 간접적으로만 볼 수 있다는 상징이었습니다. 이를테면 하느님께서 창조하신 세상은 우리가 그분의 아름다움을 들여다보는 거울인 셈입니다. 바오로 사도는 거울과 수수께끼라는 두 가지 상징을 관련 짓습니다.

수수께끼는 유다교 신학을 돌아보게 합니다. 민수기에 따르면 하느님은 인간에게 환시와 수수께끼로 말씀하신다고 합니다. 그분은 오직 모세하고만 얼굴과 얼굴을 마주하고 말씀하셨습니다(민수 12,6-8 참조). 바오로 사도는 이것을 우리 삶에 적용합니다. 하느님은 우리에게 때로는 환시로만, 때로는 수수께끼로만 말씀하십니다. 예수 그리스도께서 나타나시어 우리가 온전해지면, 우리도 모세처럼 얼굴과 얼굴을 마주하고 하느님을 바라볼 것입니다. 눈앞을 가린 것 없이 하느님을 마주 보며 사랑이 완성됩니다. 그때는 사랑이, 지금 이 순간 우리의 삶에 새로운 맛을 들이는 능력에 그치지 않습니다. 죽음 속에서 사랑은 하느님에 대한 온전한 지식이 됩니다. 그러면 지식과 사랑이 더는 대립하지 않고 일치할 것입니다. 하느님을 마주 보며 우리는 그분과 하나가 됩니다. 우리는 그분이 사랑이시라는 것을 알게 되고, 이로써 우리의 사랑이 완성됩니다. 우리는 하느님이신 사랑과 하나가 됩니다.

"믿음과 희망과 사랑 …
그 가운데에서 으뜸은 사랑입니다"

그러므로 이제 믿음과 희망과 사랑
이 세 가지는 계속됩니다.
그 가운데에서 으뜸은 사랑입니다.

믿음·희망·사랑은 역사가 흐름에 따라 플라톤이 개진하고 그리스도교 신학이 계승한 사추덕四樞德(정의, 용기, 절제, 지혜)과 구별됨으로써 그리스도교적 덕목, 또는 영적 덕목이 되었습니다. 이 세 가지 영적 덕목은 서로 결부되어 있습니다. 믿음 없이는 사랑도 없습니다. 다른 사람 안에 있는 선한 것을 믿어야, 그 사람을 선하게 대할 수 있습니다. 믿음이 없으면 사랑은 부담이 될 것입니다. 또한 희망이 없어도 사랑이 없습니다. 사랑은 언제나 희망이기도 합니다. 바오로 사도 자신이 믿음과 희망과 사랑의 관계를 다른 구절에서도 증언했습니다. 예컨대 테살로니카 1서가 있습니다. "우리는 끊임없이 하느님 우리 아버지 앞에서, 여러분의 믿음의 행위와 사랑의 노고와 우리 주 예수 그리스도에 대한 희망의 인내를 기억합니다"(1테살 1,2-3). 그리고 조금 더 뒤에서는 우리가 입고 써야 할 "믿음과 사랑의 갑옷"과 "구원의 희망의 투구"(1테살 5,8)에 대해 언급했습니다. 이렇듯 믿음과 희망과 사랑은 서로 긴밀히 결부되어 있고, 이 세 덕목이 그리스도인 실존의 본질을 특징짓습니다.

교부들은 이 구절을 끊임없이 묵상했습니다. 그들은

무엇보다, 믿음과 희망이 완성되면 그것이 얼마나 계속될 것인가 하는 문제에 골몰했습니다. 바오로 사도에 따르면, 희망은 완성됨으로써 사라지고(로마 8,24 참조), 믿음은 마주 봄으로써 사라지기(2코린 5,7 참조) 때문입니다. 알렉산드리아의 클레멘스는 하느님을 마주 보면 믿음과 희망은 스러지고 오직 사랑만이 계속되는데, 그 사랑 안에서 우리가 하느님과 하나가 되리라고 말했습니다. 반면 아우구스티누스는 믿음과 희망이 사랑에 내포되어 있다고 여김으로써, 영속되는 불변의 사랑과 하느님을 마주 보며 스러지는 믿음과 희망 사이의 긴장을 해소합니다. 사랑이 믿음과 희망을 받아들여 그것들을 완성한다는 것입니다. 한스요제프 클라우크는 믿음과 희망과 사랑의 관계에 대해 이렇게 답합니다.

> 오직 사랑만이 온전히 변함없이 시간을 덮으니, 사랑만이 하느님 당신에 의해 언명될 수 있기 때문이다. 지금이나 영원에서나 사랑은 하느님과 그리스도와 성령과 인간 사이의 본질적 관계를 항구히 정의定義 내린다(1요한 4,16 참조)(Klauck 98).

이런 신학적 물음에 어떤 답변이 오가든 나에게 결정적으로 중요한 것은, 바오로 사도에게 사랑은 무엇보다 고귀한 것이고, 결국은 사랑이 믿음과 희망도 완성한다는 사실입니다. 현세에서 믿음과 희망과 사랑은 서로 결부되어 있습니다. 죽음 속에서 세 덕목은 사랑으로 하나가 됩니다. 사랑은 우리를 모든 사랑의 근원이자 당신 본성으로 사랑이신 하느님과 영원토록 일치를 이루게 합니다. 그때는 모든 것이 사랑이 되고, 우리가 사랑 안에 머무르게 됩니다.

여기까지 나는 사랑을 노래한 이 더없이 아름다운 텍스트의 주요 언설을 해설하고 우리 삶에 적용해 보았습니다. 하지만 이런저런 해설에도 불구하고 우리는 이 텍스트가 자꾸만 낯설게 여겨진다는 사실을 고백할 수밖에 없습니다. 이 텍스트는 그 자체로 신비를 간직하고 있습니다. 온전히 해독되지 않습니다. 그렇지만 바로 이러한 신비가 우리를 충동해서 언제나 새로이 말씀을 곱씹고 깊이 빠져들게 합니다. 우리는 결코 멈출 수 없습니다. 바오로 사도는 그리스철학과 유다교 신학의 영향을 받아 이 텍스트를 작성했지만, 동시에 이 텍스트를 지탱하고 있는 것은 하느님의 사랑에 대한 바오로 사도 자신의 체험이었습니다. 코린토 1서 13장은 그냥 되는대로 나온 말이 아닙니다. 놀라운 짜임새를 갖추고 있습니다. 우리는 이 말씀을 부단히 묵상해야 하고, 우리의 구체적 체험에 비추어 해석해야 합니다. 그러면 말씀은 우리가 삶에서 만나는 사랑에 눈뜨게 합니다. 또한 우리는 사랑을 체험하며 말씀의 의미를 깨닫게 됩니다.

뒤에서는 코린토 1서 13장을 다른 관점에서 더욱 상세히 조명하고자 합니다. 구약성경의 선물인 아가에서 시작해서 철학, 심리학, 부부 상담 경험의 관점에서도 살펴보고자 합니다.

솔로몬의 사랑 노래
아가雅歌

바오로 사도가 아가페를 하느님께서 인간에게 은사로서 베푸신 사랑으로 찬미하는 반면, 구약성경의 아가는 명백히 남녀 간의 사랑에 초점을 둡니다. 여기에는 신랑 신부의 사랑뿐 아니라, 연인들의 거리낌 없는 사랑도 포함됩니다. 구약성경의 아가는 더없이 아름다운 사랑의 노래를 한데 모았습니다. 아가는 지극히 예술적인 문학작품입니다. 아가에는 신랑이 신부를 꾀어내어 자신을 따르게 만드는 들뜬 유혹의 노래가 있습니다. 남자가 여자의 아름다움을 찬미하거나, 여자가 남자의 멋지고 강인한 육체를 묘사하는 노래가 있습니다. 또한 맹세와 갈망으로 가득한 대화와 노래도 있습니다. 남녀 간의 에로틱하고 성적인 사랑이 강한 능력이자 하느님께서 베푸신 놀라운 선물이라는 사실이 모든 구절마다 표현되어 있습니다. 인간은 그분의 선물을 마음껏 누릴 따름입니다. 남녀 간의 사랑은 그 자체로 의미가 있습니다. 사랑은 연인들을 갈망과 행복으로 가득 채우지요. 아가는 성에 대한 도덕적 평가나 근심 어린 설교에서 자유롭습니다. 여기서 사랑과 성은 내적으로 서로 결속되어 있습니다. 성의 기쁨은, 곧 남녀를 매혹한 사랑이 밖으로 드러난 것입니다.

아가의 아름다운 노래를 들으면 사랑을 향한 갈망이 우리 안에서 타오릅니다. 신부가 "우리 사랑을 방해하지도 깨우지도 말아 주오, 그 사랑이 원할 때까지"(아가 2,7)라고 말하거나, 신랑이 "나의 애인이여, 일어나오. 나의 아름다운 여인이여, 이리 와 주오. 자, 이제 겨울은 지나고 장마는 걷혔다오. 땅에는 꽃이 모습을 드러내고 노래의 계절이 다가왔다오"(아가 2,10-12)라고 말할 때면 우리 안에 있는 사랑이 느껴집니다. 오늘날에도 사랑에 빠진 남녀가 똑같은 노래로 자신들의 사랑을 표현할 수 있습니다. 아내에 대한 남편의 사랑을 다음과 같은 구절보다 아름답게 표현할 수는 없을 것입니다.

> 나의 누이, 나의 신부여, 그대는 내 마음을 사로잡았소.
> 한 번의 눈짓으로, 그대 목걸이 한 줄로 내 마음을 사로
> 잡았소. 나의 누이, 나의 신부여, 그대의 사랑이 얼마나
> 아름다운지! 그대의 사랑은 포도주보다 얼마나 더 달콤
> 하고, 그대의 향수 내음은 그 모든 향료보다 얼마나 더
> 향기로운지!(아가 4,9-10).

그리고 신부가 자신의 사랑을 "나는 사랑 때문에 앓고 있답니다"(아가 5,8)라는 구절이나 "나는 내 연인의 것, 그이는 나를 원한답니다. 오셔요, 나의 연인이여, 우리 함께 들로 나가요. 시골에서 밤을 지내요"(아가 7,11-12)라는 구절보다 적절히 표현하기도 힘들 것입니다. 한 여자가 자신의 사랑을 노래하려 할 때 다음과 같은 처녀의 사랑 노래보다 아름다운 구절을 찾을 수 있을까요?

> "인장처럼 나를 당신의 가슴에, 인장처럼 나를 당신의
> 팔에 지니셔요. 사랑은 죽음처럼 강하고, 정열은 저승

처럼 억센 것. 그 열기는 불의 열기, 더할 나위 없이 격렬한 불길이랍니다. 큰 물도 사랑을 끌 수 없고, 강물도 휩쓸어 가지 못한답니다. 누가 사랑을 사려고 제 집의 온 재산을 내놓는다 해도, 사람들이 그를 경멸할 뿐이랍니다"(아가 8,6-7).

나는 어느 개신교 목사에게 아가의 사랑 노래를 묵상거리로 주고 결혼 생활을 돌아보게 한 적이 있습니다. 목사는 평생 한 번도 아가를 아내에 대한 사랑과 연결해서 묵상해 보지 않았다고 고백했습니다. 묵상은 정말 뜻깊었습니다. 묵상을 통해 그는 지금껏 발견하지 못했던 아름다운 말로 자신의 사랑 체험을 속 깊은 곳까지 표현할 수 있게 되었습니다. 수많은 연인이 자신들의 사랑을 증언하고자 아가의 사랑 노래에 기댑니다. 그리고 남녀 간의 사랑을 묘사하는 성경 말씀에, 이 말할 수 없이 다정한 말씀에 넋을 잃습니다.

아가의 노래가 사랑을 그저 열광적으로 찬미하기만 하는 것은 아닙니다. 사랑이 처한 위험에 대해 언급하기도 합니다. 아가의 노래는 현실적입니다. 연인 간의 사랑이

나 부부 간의 사랑을 위태롭게 만드는 것을 잘 알고 있습니다. 예컨대 이렇습니다. "애들아, 여우들을 잡아라, 저 작은 여우들을. 우리 포도밭을, 꽃이 한창인 우리 포도밭을 망치는 저것들을"(아가 2,15). 이집트에서 여우는 못난 구애자나 난봉꾼을 뜻합니다. 우리는 이자들에게서 사랑을 지켜야 하지요. 그런데 포도밭 울타리를 파내고 포도밭을 헤집는 작은 여우들은 사랑을 방해하는 질투, 원망, 지배욕의 상징이기도 합니다. 환멸이나 상심 같은 감정은 되삼킬 때마다 사랑의 포도밭을 망치는 여우들이 됩니다. 처음에는 작은 여우들을 알아차리지 못합니다. 하지만 연인들이 서로를 배려하지 않을 때, 자신의 감정을 털어놓지 않을 때 작은 여우들은 사랑의 포도밭을 순식간에 망쳐 놓습니다. 울타리가 있어도 소용없습니다. 작은 여우들은 그들의 사랑을 온통 헤집어 놓습니다.

사랑을 방해하는 것의 또 다른 상징은, 사랑하는 처녀가 애인 있는 곳을 묻는 물음에 퉁명스럽게 대꾸하는 목자들입니다(아가 1,7 참조). 로렌츠 바힝거에 따르면 이 퉁명스런 목자들은 "제삼자의 시기와 악의, 타인의 불행에 기뻐하는 마음"입니다(Wachinger, *Ehe* 164). 연인들은 자신들의 사랑을 지켜봐야 합니다. 그렇지 않으면 다른 누군가가 몰래 끼어들어 그들을 갈라놓습니다. 가령 아는 사람으로부터 내 연인이나 아내에 대해 좋지 않은 말을 듣게 되면, 내가 그 말을 거부하더라도 그 말은 내 마음을 좀먹습니다. 그러면 별안간 다른 사람이 씌운 부정적 안경으로 내가 사랑하는 사람을 바라보게 됩니다. 사랑은 제삼자의 말로 파괴될 수 있습니다.

구약성경의 아가에는 사랑이 처한 위험이 하나가 더 언급되어 있습니다. 연인들의 감정이란 언제나 때를 같이 하는 것은 아니며, 서로 어긋나기 일쑤입니다. 사랑에 빠진 여자는 자신의 연인을 위해 문을 엽니다. 연인을 기꺼이 들이고자 합니다.

> "나의 연인에게 문을 열어 주었네. 그러나 나의 연인은 몸을 돌려 가 버렸다네. 그이가 떠나 버려, 나는 넋이 나갔네. 그이를 찾으려 하였건만 찾아내지 못하고, 그이를 불렀건만, 대답이 없었네. 성읍을 돌아다니는 야경꾼들이 나를 보자, 나를 때리고 상처 내었으며, 성벽의 파수꾼들은 내 겉옷을 빼앗았네"(아가 5,6-7).

하필이면, 여자가 사랑을 갈망할 때 남자는 자리에 없습니다. 여자는 남자가 필요한데 남자는 마음이 다른 데 있습니다. 여자는 남자와 대화를 원하는데 남자는 일에만 정신이 팔려 무관심합니다. 여자는 남자를 찾아 헤매다 성읍의 야경꾼과 마주칩니다. 여기서 야경꾼은 밤마다 성읍을 살피며 평화와 질서를 돌보는 자들입니다. 그들은 사랑으로 번민하는 여자를 너무나 모질게 대합니다. 이것을 우리 삶에 비추어 보면, 야경꾼은 우리가 사랑에 헌신할 때 자꾸만 훼방을 놓는 내면의 규범을 상징합니다. 우리의 갈망과는 부합하지 않는 부모님의 규범은 우리 내면에서 제 목소리를 내려고 합니다. 우리는 우리의 사랑이 옳은지 그른지 알지 못합니다. 우리가 사랑에 헌신해도 되는지, 아니면 우리 내면에서 주장을 내세우는 규범으로 사랑을 제한해야 하는지 알지 못합니다. 내면화된 규범은 냉정하기 마련입니다. 사랑을 향한 우리의 갈망은 배려하지 않고, 사랑을 가로막는 체계에 순응하게 만듭니다.

아가의 사랑 노래가 그저 남녀 간의 사랑만 묘사하는 것은 아닙니다. 아가의 사랑 노래는 상징으로 가득합니다. 아가는 이러한 상징을 이집트, 시리아, 메소포타미아,

팔레스타인의 사랑 노래에서 차용했습니다. 또한 근동에서 숭배하는 사랑의 여신들의 속성을 끌어와 신부나 연인을 묘사했습니다. 예컨대 신부의 목을 다윗 탑으로 묘사하는데, 여기서 말하고자 하는 바는 목의 겉모습만이 아닙니다. 오히려 신부를 쉽사리 차지할 수 없다는 점을 강조하려는 것이지요. 신부를 닫혀진 정원과 봉해진 샘으로 묘사하는 것도 신부를 얻기 어렵다는 점을 말하려는 의도입니다. 이것은 한편으로 남자가 여자를 얻는다는 것이 그리 호락호락하지 않으니 조심스레 다가가야 한다는 남녀 관계의 비법을 밝히고, 다른 한편으로 여자에게 신에 가까운 속성을 부여합니다. 여자를 마치 사랑의 여신처럼 묘사하는 것입니다.

아가에 내재하는 은유적 언어는 유다인들이 아가를 은유적으로, 즉 아가를 하느님과 이스라엘 백성 간의 사랑에 대한 은유로 해석하는 결과를 낳았습니다. 유다인들은 아가를 정말로 정경正經에 받아들여야 하는지를 두고 논쟁을 벌였습니다. 지혜문학에서 유래한 것으로 추정되는 아가는 기원전 300년경 생겨났습니다. 분명 처음에는 남녀 간의 에로틱하고 성적인 사랑에 대한 찬가였지요. 하지만 기원후 100년경에 이르러 유다인들은 전적으로 인간적인 관점에 반감을 느꼈고, 아가를 하느님과 당신 백성 간의 사랑에 대한 묘사로 이해했습니다. 그래서 아가를 정경에 받아들였고 파스카 축제를 위한 전례서로 사용했습니다. 아가를 매우 중요시하게 되었지요. 라삐 아키바는 말했습니다. "이스라엘 백성에게 아가가 주어진 날에 견줄 만한 날은 없다. (정경의) 모든 문서가 거룩하지만, 그중 제일 거룩한 문서는 아가이기 때문이다"(Lapide 24). 핀카스 드 라피데는 유다인들이 역사상 아가를 해석해 온 방식을 (그리스철학의 영향도 감안하여) 여섯 가지로 듭니다.

1. 사랑의 날개를 단 두 사람의 혼인 노래
2. 하느님께 날아오르고자 하는 영혼의 갈망 노래
3. 하느님을 열망하는 이스라엘 백성의 사랑 노래
4. 일치를 통해 치유되는 현세의 모든 불화에 대한 비유
5. 온전한 통합을 추구하는 육신과 영혼의 대화
6. 구원자와 그의 구원 공동체에 대한 메시아의 노래

(Lapide 23)

오리게네스 이래, 즉 기원후 200년 직후부터 교회는 아가를 그리스도와 교회 간의 사랑에 대한 묘사, 그리고 그리스도와 개별 영혼 간의 사랑에 대한 묘사로 비유적으로 해석했습니다. 이후 오리게네스 전통에 따라 교황 그레고리오 1세부터 클레르보의 베르나르도에 이르기까지 수많은 교부와 영성 저술가들이 아가를 하느님과 인간 영혼 간의 일치에 대한 묘사로 신비주의적으로 해석했습니다. 그러다가 중세에는 또 다른 해석이 나왔습니다. 아가를 마리아 신심에 근거하여 마리아와 아들 예수 간의 사랑에 대한 묘사로 이해했습니다. 이러한 해석은 무엇보다 전례에 받아들여져서, 오늘날도 마리아 축일에는 아가를 봉독하거나 성가로 찬미합니다.

그런데 비유적 해석은 아가의 에로틱한 성격에 대한 우려도 어느 정도 내포했던 것 같습니다. 하지만 나는 사랑의 신비에 대한 본질적인 무엇이 여기에 드러나 있다고 생각합니다. 남녀 간의 사랑에는 심층적 차원이 있는데, 이것을 심리학으로만 온전히 가늠할 수는 없습니다. 남녀 간의 에로틱하고 성적인 사랑에는 존재의 근원과 일치를 이루리라는 예감이 늘 함께 작용합니다. 부부치료 전문가 한스 옐루셰크의 말처럼, 남녀 간의 사랑에는 근본적으로 초월 가능성이 잠재합니다. 남녀 간의 사랑은 사랑을 나누는 당사자들보다 더 큰 사랑에 열려 있습니다. 바로 하느님 사랑에 열려 있지요.

아가를 비유적으로 해석한 교부들은 에로틱한 상징이 하느님과 우리의 관계를 가장 적절하게 묘사한다고 보았습니다. 교부들에게 사랑은 뭐라 해도 하느님께 열려 있는 것이었습니다. 스페인의 신비가인 십자가의 요한은 임종의 자리에서 아가를 읽어 달라고 청했다고 합니다. 참회 시편이 아닌, 아가의 아름다운 연애시를 듣고 싶어 했습니다. 죽음을 앞둔 그에게 기다리고 있는 것이 무엇인지 더없이 적절하게 묘사한 말씀이 아가였지요. 죽음 속에서 그는 자신이 소망하는 바처럼 예수 그리스도와 일치를 이룰 것이었습니다. 그리고 이러한 일치 속에서 아가가 노래하는 사랑의 갈망을 충족할 것이었습니다.

오리게네스는 물론이고 십자가의 요한도 아가의 문자적 의미를 잘 알고 있었습니다. 십자가의 요한은 비유적 의미와 문자적 의미를 하나로 보았습니다. 아가의 에로틱한 차원을 간과하기보다 묵상했고, 이 묵상 속에서 하느님을 향한 사랑의 신비를 체험했습니다. 여기에는 두 가지 길이 있습니다. 한편으로는 남녀 간의 성적 사랑을 육체적으로 경험하며 살아가는 사람들이 있습니다. 그들은 이러한 경험 속에서 하느님 사랑의 신비가 열리는 것을 느낍니다. 상대방과 일치를 이루며 동시에 세상과의 일치를 체험하고, 마침내 세상의 근원이신 하느님과의 일치를 체험합니다. 다른 한편으로는 독신의 길이 있습니다. 모든 사랑에 내재하는 에로틱한 차원과 인간의 성에 잠재하는 갈망을 하느님께 돌리고자 육체적 사랑을 포기하는 길입니다. 우리는 두 길을 다 갈 수 있습니다. 우리는 성적 사랑, 육체적 사랑을 멀리할 수 있습니다. 그런데 두 길을 갈 때 중요한 것은 육체적인 것을 영적인 것의 상징으로 보고, 하느님을 온몸으로 갈망하며 사랑하는 일입니다. 오직 그분만이 사랑을 향한 우리의 깊디깊은 갈망을 영원토록 채워 주실 수 있습니다. 그렇지만 하느님을 향한 사랑에도 아가의 아름다운 사랑 노래로 드러나는 관능적인 것, 황홀한 것이 필요합니다.

바오로 사도가 묘사한 것은 하느님께서 성령을 통해 인간에게 선사하신 사랑의 능력입니다. 이러한 사랑은 남녀 간의 사랑과 친구 간의 사랑으로, 또한 이웃 사랑과 자기 사랑과 하느님 사랑으로 드러납니다. 그런데 구약성경의 아가는 다른 길을 택합니다. 남녀 간의 성적 사랑에서 시작하여, 하느님을 향한 인간의 사랑과 하느님께서 인간에게 베푸신 사랑, 그리고 모든 피조물의 바탕이 되는 사랑으로 나아갑니다. 바오로 사도의 언설을 구약성경의 연애시 관점에서 본다면, 남녀 간의 사랑과 관련짓는 것도 전적으로 합당합니다. 남녀 간의 사랑은 하느님께서 예수 그리스도를 통해 우리에게 선사하신 사랑의 은사를 체험할 수 있는 자리입니다. 하지만 중요한 것은 어떤 지점에서 시작하든, 어떤 사랑을 체험하든 성적 사랑의 근원이기도 한 하느님의 사랑에 마음을 여는 일입니다.

사랑 노래와 철학

코린토 1서 13장의 사랑 노래를 철학적 맥락에서 살펴보면 여러 명제를 새로운 눈으로 바라보게 됩니다. 여기서 우리는 대부분의 주석자가 파고드는 신학 내적 대화는 접어 두고, 사랑의 신비를 더 깊이 들여다볼 것입니다. 바오로 사도는 그리스철학을 잘 알고 있었습니다. 가장 위대한 그리스 철학자이자 후대 철학의 근본이 된 플라톤은 사랑(에로스)에 대해 상세히 서술했습니다.『파이드로스』에서 플라톤은 서로 다른 다섯 사람이 에로스에 대해 연설을 펼치도록 합니다. 바로 여기서 사랑의 다양한 모습이 드러납니다. 한 가지 관점으로만 사랑의 신비를 파악할 수는 없습니다. 어떤 연설은 에로스를 모든 신들 가운데 가장 오래된 신으로 찬미합니다. 에로스는 좋은 것이며, 세상의 모든 좋은 것의 원인입니다. 셋째 연설에서 에릭시마코스는 에로스를 거의 우주적 힘으로 생각합니다. 에로스는 남녀 간의 사랑에만 관련되는 것이 아니라, 자연의 모든 생물과 무생물 속에 들어 있으며, 모든 것 안에서 조화를 일으킵니다. 사랑은 존재의 법칙입니다. 사랑은 모든 것을 결합하고 생명의 모든 대립(생물과 무생물, 경제, 예술, 체육 등)을 화합과 조화로 이끌고자 합니다.

아리스토파네스는 사랑에서 인간의 존재 구조를 파악합니다. 아리스토파네스는 남성과 여성이 본디 둥근 구형으로 하나의 존재를 이루었다는 신화를 이야기합니다. 그런데 제우스가 이 초인超人들이 신들에게 위협이 될까 봐 두려워 반으로 갈라놓습니다. 여기서 자신의 다른 반쪽을 향한 갈망으로 에로스가 생겨난 것입니다. 플라톤은 이 신화를 사랑이 근원적으로 인간의 일부라는 것으로 해석합니다. "인간이 복된 사랑 안에서 자신의 본디 반쪽을 만난다면, 자기 자신을 만나는 것이고 그것을 긍정하는 것이다"(Hirschberger 34). 요컨대 사랑은 인간을 참자기로 인도합니다.

  플라톤은 에로스에 대한 자신의 생각을 소크라테스의 입을 빌려 펼쳐 나갑니다. 소크라테스에게 에로스는 신이 아니라, 신과 인간 사이의 중간자입니다. 사랑은 인간이 좋은 것과 접촉하기를 바랍니다. 그리고 에로스는 아름다운 것을 낳는 힘입니다. 인간은 에로스를 통해 자신의 육체는 물론 영혼 안에도 출산력을 지닙니다. 육체의 출산력은 여성의 육체와 결합하여 끊임없이 새로운 것을 낳습니다. 이로써 필사必死의 인간이 불사不死에 참여합니다. 하지만 영혼도 지식과 정신적 가치를 낳습니다. 시인과 예술가, 철학자에게 중요한 것은 개별 육체의 아름다움뿐 아니라, 아름다움 자체에 대한 직관입니다. 사랑은 아름다운 육체라는 구체성에서 모든 것의 바탕인 본성적 아름다움으로 상승합니다. 인간의 최고 행복은 본성적 아름다움을 직관하는 데 있습니다. 그리고 인간이 사랑을 통해 아름다움 자체를 직관하면 참된 덕을 낳게 됩니다. "인간이 과연 참된 덕을 낳고 그것이 계속 자라나도록 하면 신이 사랑하는 인간이 되고 불사에 참여하는 운명이 주어지겠지만, 그것이 아니라면 불멸은 결코 인간에게 허락되지 않는다." 플라톤에게 사랑은 생명의 의미와 세상의 근원을 해독하는 열쇠입니다. 인간은 사랑을 체험하기도 전에, 자신의 영혼 안에서 이미 사랑의 힘을 알고 있습니다. 이를테면 사랑은 근원적 힘으로 인간 안에 잠재합니다.

플라톤의 사상을 바오로 사도의 사랑 노래와 비교해 보면, 물론 바오로 사도도 사랑의 구체적 행동을 중요시하지만, 사랑을 하느님에게서 오는 힘, 아니 그 자체가 이미 신적인 힘으로 이해하고 있다는 것을 깨닫게 됩니다. 인간은 사랑을 통해 하느님께 참여합니다. 나아가 바오로 사도는 사랑을 찬미하며 인간이 저마다 영혼 속에 지니고 있는 사랑 자체에 대한 근원적 예감을 언급하고, 이로써 자신의 언설로 영혼의 바탕에서 사랑이 깨어나게 합니다. 이렇게 사랑이 깨어나면, 이제는 자신의 참된 본성에 부합하게 살아가야 합니다.

하지만 바오로 사도는 그리스철학처럼 사랑이 그저 인간의 본성에 근거한다고 보지는 않습니다. 바오로 사도에게 사랑은 다름 아닌 하느님의 선물입니다. 사랑은 성령을 통해 우리 마음 안에 부어졌습니다. 그리고 우리 안에 있는 이 사랑은 이제 구체적으로 표현되어야 합니다. 사랑은 모든 존재의 근원으로 남녀 간의 사랑, 우리 자신에 대한 사랑, 이웃에 대한 사랑, 하느님께서 우리에게 베푸시는 사랑, 그리고 하느님에 대한 우리의 사랑에서 드러납니다. 이렇게 다양한 사랑을 체험하고 실천함으로써 우리는 사랑의 근원에 참여하고, 우리의 참자기에 이르며, 모든 사랑의 원천이신 하느님을 어렴풋이 느낍니다.

걸출한 플라톤주의 철학자 플로티노스는 바오로 사도보다 200년 뒤에 플라톤의 사상을 계승했습니다. 플로티노스는 아름다운 것을 보게 되면 우리 안에서 에로스가 불타오른다고 말합니다. 절대적으로 아름다운 것은 자기 자신을 사랑합니다. 하느님은 당신 자체로 순수한 광채 속에 계신 사랑입니다. 서로 사랑하는 사람들은 말하자면 서로 하느님 안에서 만나는 것입니다. "이것은 그들 자신이 신적이기 때문이 아니라, 그들의 유래가 신적인 것에 참여하기 때문인데, 마치 모상이 원상에 참여하는 것과 같습니다"(Hirschberger 42). 사랑의 신적 불씨는 모든 인간적 사랑 안에 잠재하는데, 순전히 성적인 사랑이든 소유욕과 욕정이 혼입된 사랑이든 똑같이 잠재합니다. 중요한 것은 사랑의 신적 불씨가 우리의 구체적인 사랑으로 끊임없이 새로이 타오르게 하는 일입니다. 때때로 우리는 사랑을 체험하며 매혹되곤 합니다. 그때는 우리가 사랑을 통해 하느님 안에 빠져 들어가고, 신격화되는 기분이 듭니다. 그렇지만 사랑이 우리에게 상처를 주고, 손가락 사이로 빠져나가고, 공격성·통제욕·집착욕과 뒤섞이거나 증오심·복수심과 섞여 버리는 것을 끊임없이 고통스럽게 직면해야 합니다. 하지만 이런 그릇된 모습의 사랑이라도 근원적 사랑의 신적 불씨는 여전히 존재합니다.

플라톤과 플로티노스의 사상을 배경으로 바오로 사도의 언설을 살펴볼 때 내가 분명히 깨달은 바는, 바오로 사도는 우리에게 도덕적 설교를 하지는 않는다는 것입니다. 바오로 사도는 우리 자신과 우리의 욕구를 외면하면서 사랑해야 한다고 요구하지 않습니다. 오히려 성령을 통해 우리에게 주어진 신적 사랑의 신비를 묘사하며, 이로써 우리가 일상적 사랑에서 신적 사랑을 근원적 바탕으로 발견할 수 있게 합니다. 가엾고 보잘것없는 우리의 사랑을 가로질러 사랑의 신적 근원을 발견하게 되면, 그때는 우리의 삶이 새로운 특질을 얻습니다. 우리의 인간적 사랑이 미약할지라도, 우리는 모든 것을 덮어 주고 모든 것을 믿고 모든 것을 바라고 모든 것을 견디어 내는 사랑의 신적 능력을 깨닫게 됩니다. 요하네스 히르쉬베르거는 플라톤의 에로스에 대한 자신의 성찰을 다음과 같은 말로 끝맺는데, 이것은 바오로 사도의 언설도 새로운 눈으로 바라볼 수 있게 합니다.

> 요컨대 플라톤이 말하는 에로스는 무엇인가? 에로스는 우리 안에, 세계 안에 존재하는 신적 불씨다. 에로스는 우리의 모든 사랑과 소망을 시간성의 혼효混淆를 통하여 영원한 목적지로 이끌 수 있고, 에로스는 영원한 언덕을 향한 갈망(desiderium collium aeternorum)으로서 세상에 생기를 불어넣을 수 있다(Hirschberger 45).

하느님은 우리 마음 안에 사랑을 새겨 놓으셨습니다. 이 사랑 안에서 우리는 하느님을 접촉합니다. 이 사랑 안에서 우리는 세상 한가운데서 하느님의 영원한 사랑에 참여합니다. 그리고 이 사랑 안에서 하느님께서는 우리 마음 안에 갈망을 새겨 놓으셨고, 이 갈망은 하느님 안에서 안식을 찾을 때까지 우리에게 안식을 주지 않습니다.

교부들은 사랑에 대한 철학과 사랑에 대한 바오로 사도의 언설을 서로 연결하고 조정하려고 노력했습니다. 그들은 지칠 줄 모르고 사랑의 신비를 사유했습니다. 그런데 그들의 몇몇 사유는 우리에게 낯설기만 합니다. 여기서는 아우구스티누스의 사유를 하나 살펴보겠습니다. 아우구스티누스는 하느님께서 사랑을 당신 자신에 대한 갈망으로서 인간 영혼에 심어 두셨다는 데서 출발합니다. "나는 사랑을, 하느님 당신을 위해 당신에게서 기쁨을 찾는 영혼의 운동이라고 부른다." 아우구스티누스는 사랑을 우리가 머물러 살 수 있는 집이자, 또한 우리 안에 머무르는 힘으로 이해합니다. "그대, 사랑 안에 사십시오. 그러면 사랑이 그대 안에 살 것입니다. 사랑 안에 머무르십시오. 그러면 사랑이 그대 안에 머무를 것입니다"(habita ed inhabitaberis, mane, ed manebitur in te)(Welte 23-24에서 재인용).

사랑은 냉혹하고 삭막한 세상에서 마치 기적과 같습니다. 또한 사랑은 시간을 알지 못합니다. "외적으로는 유한한 시간의 경계에 팽팽히 매여 있지만, 사랑은 시간을 초월한 영원한 순간, 영원을 바라보는 것과 같은 것입니다"(같은 책 25). 아우구스티누스는 이러한 사랑의 신비에 경탄했습니다. "사랑으로 충만한 사람이 하느님으로 충만하지 않다면 무엇으로 충만하단 말입니까?"(quo nisi deo plenus est qui plenus est dilectione)(같은 책 25). 이렇게 사랑은 '나'와 '그대'를 연결할 뿐 아니라, 인간을 궁극적으로 하느님과 연결합니다. 사랑 안에서 "삼라만상과의 화합, 현세적 생명과 초현세적·신적 생명의 화합"(같은 책 26)을 체험할 수 있습니다.

신학자이자 철학자인 베른하르트 벨테는 아우구스티누스의 사유를 자신의 철학에서 이어 나갔습니다. 벨테는 그대 안에 있는 사랑스러운 것을 통해 내 안에서 사랑이 불러일으켜진다고 생각합니다. 사랑 안에서는 그대의 사랑스러운 것이 보이게 됩니다. 사랑 안에서는 그대의 사랑스러운 것이 빛을 발하며 나타납니다. 사랑스러운 것은 언제나 아름답고 선한 것으로 상대방 안에 있으며 사랑 안에서 모습을 드러냅니다. 이것은 아름다움에 대한 우리의 이상理想이 아니라, "사랑하는 이가 사랑받는 이의 눈을 보면서 느끼는 그런 아름다움입니다. 사랑받는 그대가 그 눈에서 생생히 빛을 발하고 있기 때문입니다(같은 책 30). 물론 우리는 상대방이 선하지만은 않다는 것을 알고 있습니다. 하지만 사랑 안에서 상대방 안에 있는 선한 것이 빛을 발합니다. 우리는 선한 것의 결핍을 상대방에게서 사랑할 수는 없습니다. 그렇지만 "사랑은 아직도 그토록 모호한 그대 뒤에 숨겨지고 감춰진 가능성과 희망을 찾아낼 수 있습니다"(같은 책 35-36).

하느님께서 우리 마음에 심어 놓으신 이 사랑은 사랑의 모든 인간적 체험 안에서 드러납니다. 또한 이 사랑은 모든 인간적 사랑의 근원입니다. 이러한 언설의 이면에 있는 체험을 밝혀내려고 하면 우리는 다시금 바오로 사도의 언설과 마주하게 됩니다. 탐욕적 사랑이든 친구 간의 사랑이든 순수한 사랑이든 사랑의 모든 인간적 체험에는 사랑의 깊디깊은 근원이 현존합니다. 이 사랑은 하느님께서 우리에게 베푸신 선물입니다. 그런데 이 사랑은 인간 마음뿐 아니라 만물에도 새겨져 있습니다. 말하자면 사랑은 모든 존재의 구조 원리입니다. 하느님은 사랑을 당신 피조물에 심어 두셨습니다. 그래서 이 사랑은 피조물을 통해서도 우리에게 다가올 수 있습니다. 이것은 많은 사람에게 중요한 체험이 되었습니다. 그들은 자연 안에서 하느님의 사랑을 느낍니다. 이것은 그들을 평가하지 않으면서 조건 없이 존재하게 하는 사랑, 그리고 그들을 생명과 애정에 사로잡히게 하는 사랑입니다.

폴 틸리히는 개신교 신학자로서 사랑에 대한 철학과 심리학의 관점을 신학에 통합시키고자 했습니다. 틸리히에게 사랑은 '분열된 것이 재결합하려는 충동', '분열된 것이 일치를 이루려는 갈망'입니다. 틸리히도 사랑을 모든 존재의 원리로 봅니다. 하느님은 존재를 사랑으로 창조하셨을 뿐 아니라, 사랑으로 가득 채우셨습니다. 또한 틸리히는 사랑을 다양한 형태로 구별합니다. 에로스와 필리아, 아가페 외에도 리비도Libido를 추가하여 사랑에 대한 지그문트 프로이트의 개념을 수용합니다. 물론 틸리히는 리비도를 성욕의 추구가 아니라, "결핍을 극복하려는 노력, 생동하는 자기실현을 향한 자연적 충동"(Meckenstock 168에서 재인용)으로 이해합니다. 틸리히는 모든 형태의 사랑 안에 아가페가 현존한다고 생각합니다. 아가페가 '사랑의 심층적 차원'이라는 것이지요.

사랑의 신비를 파악하려는 모든 철학적 시도를 통해 바오로 사도가 코린토 1서 13장에서 서술한 바를 더욱 세심하게 받아들이기를 바랍니다. 곧잘 미약하고 부서지기 쉬운 우리의 사랑 안에는 어떤 구체적 형태를 띠고 있든 신적 사랑이 현존합니다. 이런 까닭에 부부 간, 연인 간, 부모 자식 간에 겪는 사랑의 체험이나, 자연과 음악과 문학에서 겪는 사랑의 체험은 언제나 사랑 그 자체에 대한 신비체험의 일부입니다. 어떤 사랑이든 우리 안에 있는 사랑의 권능을 일깨우기 마련입니다. 이것은 하느님께서 우리를 창조하실 때 우리 마음에 새겨 주신 사랑이자, 이제 새로이 성령을 통해 그리스도인들에게 은사로 선사하신 사랑입니다. 이러한 까닭에 바오로 사도가 우리에게 궁극적으로 의도하는 바는 어떤 사랑을 체험하든 그 근원에 다다르고, 하느님께서 몸소 당신의 사랑을 우리 마음에 보내 주셨음을 감사히 깨닫는 것입니다. 이 사랑은 누구도 빼앗을 수 없습니다. 이 사랑은 환멸과 상처를 안겨 주는 인간적 사랑의 체험으로도 부서지지 않습니다. 이 사랑은 결국 신적 사랑이자, 우리를 하느님과의 신비적 일치로 이끄는 사랑이기 때문입니다.

사랑 노래와 심리학

지난해 나는 한 심리치료사 대회의 초청을 받아 사랑에 대해 강연했습니다. 대회의 표어는 '사랑이 치유하고, 사랑이 병들게 한다'였습니다. 코린토 1서 13장을 심리학적 관점에서 보면 사랑이 내포하는 내적 긴장을 떠올리게 됩니다.

심리학적 관점은 우리가 사랑을 너무 낭만적이고 이상적으로 이야기하는 것을 막아 줍니다. 사랑에는 바오로 사도가 말한 매혹하는 힘, 변화를 일으키는 힘이 있습니다. 하지만 사랑은 우리를 병들게 하거나 우리가 처한 현실을 직시하지 못하게 하는 힘을 발휘하기도 합니다. 우리를 병들게 하는 것은 사랑의 결핍만이 아닙니다. 사랑의 과잉도 우리에게 해가 될 수 있습니다.

병들게 하는 사랑

심리학은 사랑의 치유력은 물론, 우리를 병들게 하는 사랑에 대해서도 잘 알고 있습니다. 아이가 건강하게 성장하기 위해서는, 그리고 훗날 누군가를 사랑하기 위해서는 엄마 아빠의 사랑이 필요합니다. 아이는 사랑을 부모로부터 받습니다. 그런데 이미 여기에 괴리가 있습니다. 아이가 받고 싶은 사랑과 받고 있는 사랑에 차이가 생기는 것이지요. 우리에게는 사랑을 받으려는 끝없는 욕구가 있습니다. 부모가 베푸는 사랑으로는 온전히 만족하지 못합니다. 부모가 아무리 준다고 줘도, 우리가 바라는 만큼 다 줄 수는 없습니다.

게다가 부모의 사랑은 다른 동기와 뒤섞여 있기 일쑤입니다. 부모는 자식에게 사랑을 베풂으로써, 자신이 어린 시절 경험한 사랑의 결핍을 보상하려 합니다. 그렇다면 부모의 사랑은 이타적인 것이 아닙니다. 부수적 의도가 있는 것이지요. 이런 경우 부모는 자식을 자신에게 묶어 놓으려 하거나, 아니면 공생적 사랑을 형성합니다. 엄마와 딸, 엄마와 아들, 아빠와 딸, 아빠와 아들의 관계가 사랑을 통해 유착되는 것입니다. 관계의 유착은 아들딸이 자신의 길을 가지 못하게 방해합니다. 지나치게 구속하는 사랑, 스스로 사랑할 수 있는 능력을 상실하게 만드는 사랑을 아들딸이 보고 배우는 것이지요. 그러니 어미 아비를 떠나 남편 아내와 결합하여 두 사람이 한 몸이 되라는 예수님의 말씀(마태 19,5 참조)을 실천하기가 어렵습니다. 부모와 공생하는 탓에 사랑할 수 있는 능력이 크게 손상된 것이지요.

지나친 결핍에서 비롯된 사랑은 우리를 병들게 합니다. 사랑이 너무 결핍된 나머지 진실된 사랑을 깨닫지 못하는 사람이 많습니다. 그들은 누군가 자신에게 관심을 보이기라도 하면 이내 매달립니다. 지푸라기라도 잡으려는 심정이지요. 그런데 그들은 사랑하는 것과 함께 있는 것을 혼동하곤 합니다. 혼자 있는 것이 두려워서 자신에게 친절히 대해 주는 사람이라면 누구라도 사랑합니다.

하지만 자신이 이용당하고 있다는 사실은 전혀 눈치채지 못합니다. 그러고는 자신이 불운하다며 한탄하지요. 관계를 맺어도 금세 끊어집니다. 그런데도 그들은 그것이 자신을 너무나 사랑하지 않는 상대방의 책임일 뿐만 아니라, 자신의 맹목성 때문이기도 하다는 것을 전혀 알아채지 못합니다. 그들은 상대방에게 심하게 집착하는데, 언젠가는 상대방이 답답해할 것이고 결국은 집착으로부터 달아날 것입니다. 그들은 자신을 조건 없이 사랑해 주는 사람을 향한 갈망으로 야위어 가지만, 매번 불안정하고 편협한 사랑만 경험합니다. 그들은 자신을 사랑해 주는 사람에게 부담을 안깁니다. 자신의 결핍을 치유해 주기를 기대하기 때문입니다. 그렇지만 결핍이 너무 크면, 사랑으로는 채울 수 없는 그 밑 빠진 독에 누구라도 언젠가는 두려움을 느끼게 됩니다.

상대방에게 너무 많은 사랑을 기대하는 사람은 대개 자신을 사랑하지 못합니다. 그들은 자신에게 머무르는 것을 배겨 내지 못합니다. 상대방이 사랑을 줄 때만 자신의 존재를 느낍니다. 바로 그 때문에 상대방에게 과도한 사랑을 요구하는데, 그러면 악순환이 생기기 마련입니다.

상대방에게 충분히 사랑받지 못하니까 자신을 사랑할 수 없게 되고, 그래서 상대방에게 너무 많은 사랑을 기대하며 사랑을 망치는 것입니다. 그럼에도 언젠가는 사랑의 결핍을 쓰라리게 슬퍼함으로써 악순환을 끊어야 합니다. 그때는 슬픔을 통해 자신 안에 있는 사랑과 만나게 됩니다. 또한 자신을 긍정하고 자신의 가엾은 모습도 사랑하기로 결심하게 됩니다. 건강한 자기 사랑은 사랑을 향한 갈망을 올바로 절제할 줄 압니다.

사랑의 치유력

사랑이 우리를 치유하고 또 병들게 한다는 사실은 부부 간이나 연인 간의 사랑만이 아니라, 심리치료사·사목자·의사와 내담자 간의 사랑에도 유효합니다. 사랑은 치유를 할 수 있습니다. 치유에 기여하는 모든 방법 가운데 첫째가는 것이 바로 사랑입니다. 무엇보다 중요한 것은 치료자가 내담자를 사랑과 호의로 대하는 일입니다. 오늘날 우리는 공감에 대해, 즉 상대방의 입장이 되어 함께 느껴 보려는 마음가짐에 대해 이야기합니다.

  하지만 상대방을 아무리 공감한다 해도 우리의 사랑에는 한계가 있다는 사실을 명심해야 합니다. 오직 하느님의 사랑만이 한계가 없습니다. 따라서 사목자와 심리치료사에게 지나친 부담을 지워서는 안 됩니다. 상대방이 치유되는 것이 오직 우리의 사랑에만 달려 있다고 생각해서는 안 됩니다. 상대방의 적절한 반응이 필요합니다. 또한 우리가 하느님처럼 무한히 사랑할 수 있는 것이 아니라, 언제나 우리에게 주어진 능력의 범위 내에서 사랑할 수 있다는 것을 인정하는 겸손도 필요합니다. 한없이 갈구하는 사람들에게는 이것이 만족스럽지 않을 것입니다. 그리고 우리에게도 이것을 스스로 인정하는 것은 고통스러운 일입니다. 하지만 이것은 짐을 더는 일이기도 합니다. 치유가 잘되지 않더라도 양심의 가책에 시달리지 않기 때문입니다.

  사랑이 사람을 변화시키는 능력이 있다는 것은 동화에도 나옵니다. 동화에서는 돌처럼 굳어 버린 사람이 누군가의 사랑으로 다시 살아나곤 합니다. 동화 「여섯 마리 백조」를 보면 마녀가 백조로 만들어 버린 여섯 오라버니를 위해 누이동생이 침묵을 지키며 사랑을 다해 저고리를 짭니다. 아무 말도 하지 못하는 그녀가 화형대에 올랐을 때, 여섯 마리 백조가 그녀 위로 날아옵니다. 사랑이 가득 배어 있는 저고리를 던져 주자, 여섯 백조는 다시 사람으로 변하고, 그들은 온갖 기만을 이겨 낸 사랑을 모두 함께 자축합니다.

도스토옙스키는 소설 『죄와 벌』에서 소냐가 살인자 라스콜니코프를 자신의 사랑으로 변화시키는 과정을 아름답게 묘사했습니다. 도스토옙스키는 라자로가 되살아난 이야기를 소설 앞부분에 두었는데, 이데올로기와 증오라는 돌덩이에 묻혀 있는 라스콜니코프가 소냐의 사랑을 통해 되살아나게 됩니다. 그런데 이것은 우리도 이미 체험한 바입니다. 우리 안에 있는 딱딱하게 굳은 부분, 죽어 버린 부분이 다른 누군가의 사랑으로 되살아난 적이 있을 것입니다. 소냐처럼 순결한 아이가 슬픔에 젖은 남자에게 미소를 지으면, 다시 미소로 답하지 않을 수 없습니다. 한 아이의 맑고 순결한 사랑이 남자의 내면에도 사랑을 불러일으키는 것이지요. 그렇지만 소냐가 살인자 라스콜니코프의 거대한 결핍에 겁먹거나 물러서지 않은 것은 그녀의 사랑에 또 다른 바탕이 있다는 사실을 보여 줍니다. 소냐는 라스콜니코프에게 라자로의 부활에 대한 복음을 읽어 줍니다. 소냐는 죽은 이들을 당신 사랑으로 깨어나게 하시는 예수 그리스도의 사랑에 참여합니다. 그분께서 발산하시는 사랑은 돌덩이도, 돌처럼 굳어 버린 마음도 관통하여, 그 이면에 숨어 잠들어 있는 사랑을 불러냅니다.

사람은 누구나 사랑하고 사랑받고자 하는 갈망이 있습니다. 사람은 사랑을 체험하고 사랑을 줄 수 있을 때 비로소 사람이 됩니다. 그렇지만 사랑을 거의 받아 보지 못한 사람도 많습니다. 그들은 사랑의 결핍으로 병들었습니다. 그들은 어린 시절 사랑받지 못했기 때문에, 부모의 욕구를 위해 이용되었기 때문에 어른이 되어서도 엄마 아빠가 남긴 상처로 아파합니다. 그들이 건강해지기 위해서는 부모의 사랑을 체험해야 합니다. 하지만 부모가 이러한 사랑을 더는 베풀 수 없는 경우가 많습니다. 사목자와 치료자가 그래서 필요합니다. 사목자와 치료자는 부모 역할을 대신합니다. 사랑의 결핍으로 마음이 병든 사람에게 치유적 사랑을 선사합니다.

영적 사랑의 치유력

그렇지만 사랑의 결핍이 인간적 사랑만으로 치유될 수 있을까요? 그렇다면 사랑하는 사람을 찾지 못한 사람은 치유의 기회가 없는 것일까요? 타인의 사랑을 통한 치유는 보편적인 방법이지만, 여기에는 영적인 방법도 있습니다. 우리는 일순간 자신과 하나가 되는 것을 느끼는 영적 체험을 할 때가 있습니다. 사랑에 사로잡히고 사랑에 에워싸이는 것을 느끼게 되지요. 하느님 사랑에 대한 이런 영적 체험은 우리의 깊은 상처를 치유할 수 있습니다. 물론 겸손도 필요합니다. 우리는 하느님 안에서 우리 자신과의 일치를 느낍니다. 하지만 이러한 체험을 계속 붙들고 있을 수는 없습니다. 바로 다음 순간, 다시금 우리는 내면의 분열, 외로움, 사랑받지 못하는 실존을 느낍니다. 중요한 것은 이것을 직시하고, 이에 따른 고통을 인정하며 슬퍼하는 일입니다.

영적 동반을 하다 보면 자신에게 있는 사랑의 결핍을 직시하지도 슬퍼하지도 않는 사람들을 계속 만납니다. 그들은 영성이나 하느님 사랑 속으로 회피합니다. 한번은 엄마의 사랑을 받지 못했는데도 슬퍼하지 않았다는 남자를 영적으로 동반한 적이 있습니다. 남자는 자신의 진기한 영적 체험에 대해 늘어놓았습니다. 하지만 사람들에게 거부감만 안기는 행동이었습니다. 남자도 사랑받고 싶었지만 스스로 인정하지 않았고, 그저 찬사를 받고자 했습니다. 하지만 그러한 영성으로 남자의 상처가 진정 치유되지는 못했습니다. 자신의 상처를 받아들이고 슬퍼할 때, 비로소 상처는 변화할 수 있습니다. 또한 자신의 상처를 가로질러 내면의 바탕에 이를 수 있습니다. 우리는 그곳에서 하느님의 사랑을 어렴풋이 느낍니다. 또한 자신은 물론 하느님과 새로운 일치를 이룹니다.

영적 체험으로 사랑의 결핍을 보상하는 또 다른 방법에는 '영적 우회'(spiritual bypassing)라고 부르는 것이 있습니다. 사랑의 결핍이나 사랑하는 능력의 결핍을 직면하지 않은 채, 그것을 영적 체험으로 미화해 버리는 사람들이 많습니다. 그들은 자신의 결핍을 직시하는 겸손을 보이기보다 신비가들의 저술을 탐독합니다. 물론 사랑의 결핍에 대처하고, 하느님께 이르는 길을 모색하는 데 그런 책들이 큰 도움이 될 수는 있습니다. 하지만 여기에도 위험은 있습니다. 자신의 상처나 사랑하는 능력의 결핍을 인지하거나 인정하는 것이 아니라, 모든 문제를 신비체험이 해결해 주리라고 생각하는 것입니다. 합일신비주의에 열광하는 내담자가 적지 않은데, 이것은 자신의 무능한 인간관계를 종교적으로 찬양하는 것일 뿐이라고 어떤 심리학자가 내게 말했습니다. 그들은 자신의 무능한 인간관계를 슬퍼하지 않고, 도리어 어떤 고귀한 것으로 회피해 버립니다. 자신을 다른 사람보다 우월하게 여기려는 것입니다. 하지만 이것은 우리를 변화시키는 하느님 사랑을 체험하는 것이 아닙니다. 겉으로는 신비체험으로 보이겠지만 우리를 그저 환상의 세계로 이끌 뿐이고, 언젠가는 지독한 절망과 함께 환상에서 깨어날 것입니다.

다른 한편으로 나는 사랑의 결핍을 한탄하기만 하는 사람들을 영적 동반 과정에서 만나기도 합니다. 그들은 함께 대화를 나눌 수 있는 사람, 자신을 감싸 주고 사랑해 주는 사람을 갈망합니다. 하지만 나는 그들이 자신의 갈망을 충족시켜 줄 사람을 발견하리라고 단언할 수 없습니다. 그렇다고 그들의 갈망을 빼앗고 싶지도 않습니다. 찾을 수 있을 때까지 계속 찾아도 됩니다. 하지만 그러다 자칫 내가 여러 사람에게 거짓 약속을 하는 게 아닌가 싶을 때도 있습니다. 그들은 결핍으로 말미암아 가까운 사람이 조금만 호의를 보여도 또다시 빠져들기 때문이지요. 그러면 사랑받지 못하고 홀로 남겨지는 드라마가 또다시 시작되는 것입니다.

이제 남은 방법은 자신의 외로움을 마주하고 들여다보는 것과, 외로움과 결핍을 가로질러 자신의 마음속에서 샘솟는 사랑의 샘에 이르는 것밖에 없습니다. 아무리 외롭더라도 우리 안에는 우리를 따뜻하게 하는 사랑이 있습니다. 이것은 바오로 사도가 말한 능력으로서의 사랑, 은사로서의 사랑, 하느님의 권능으로서의 사랑입니다. 다름 아닌, 우리가 사랑의 결핍으로 체험하는 고통이 우리를 내면의 자리로 이끕니다. 그곳은 하느님의 사랑이 우리 안에 머무르는 자리입니다. 우리 안에 있는 이 무한한 사랑의 샘을 지향할 때만, 우리의 결핍은 치유될 수 있습니다. 결핍은 우리 안에서 끊임없이 터져 나올 것이고, 외로움은 우리에게 고통을 안겨 줄 것입니다. 그렇지만 이러한 고통은 하느님의 사랑이 샘솟는 우리 영혼의 바탕을 향해 우리 마음을 열 수 있습니다.

우리는 사랑에 대한 영적 체험이 진실인지 아닌지를 분위기로 압니다. 사랑을 영적으로 체험한 사람은 자신의 체험을 신중하고 주의 깊게 이야기합니다. 사랑에 병적으로 도취되어 열광하는 사람은 사랑을 갈망하기는 하지만, 진실하게 체험하지는 못합니다. 무엇인가 느끼기는 합니다. 그렇지만 홀로 있는 고통을 외면하려고 병적 쾌락으로 도피합니다. 그들이 사랑에 대해 말하는 것을 듣고 나면 무엇인가 분열된 듯한 기분이 듭니다. 우리는 그들이 말하는 것이 진실이기를 바라지만, 다른 한편으로는 그들이 자신을 기만하고 있다는 느낌을 받습니다.

바오로 사도가 말한 사랑을 자신 안에서 체험한 사람은 그것을 발산하기 마련인데, 변함없는 미소가 아니라 한 번의 눈빛으로, 근심 어린 얼굴에서 문득 새어 나오는 한 줄기 빛으로 발산합니다. 이것은 그윽하지만 우리를 이롭게 하는 사랑입니다. 우리는 사랑의 결핍으로 깊은 고통을 겪은, 그럼에도 온갖 고통을 가로질러 자신 안에 있는 사랑과 맞닿은 사람이 있음을 깨닫습니다. 그 사랑은 어떤 인간적 사랑보다 강합니다.

사랑을 체험하는 자리

우리가 사랑을 남녀 간의 사랑으로만 체험하는 것은 아닙니다. 우리가 사랑을 만나는 자리는 많습니다. 아무래도 부부 관계가 사랑을 가장 깊이 체험하는 자리가 되는 사람이 많고, 여자들의 우정이나 남자들의 우정, 또는 남녀 간의 우정이 그런 자리가 되는 사람도 있습니다. 대개 유행가는 연애 감정을 표현함으로써 사랑의 비밀을 노래하곤 합니다. 하지만 여러 사람과 대화를 나누며 내가 깨달은 사실은, 우리 영혼의 바탕에서 샘솟는 사랑을 만나는 자리는 그 밖에도 많다는 것입니다. 게다가 인간관계와 완전히 무관한 경우도 있습니다.

어떤 사람은 이런 사랑을 성당이나 미사에서 느낍니다. 성경 말씀을 듣고 있다가 문득 사랑이 말을 걸었다는 사람도 있고, 오래된 성가를 부르거나 성가대의 찬송을 듣다가 사랑을 느꼈다는 사람도 있습니다. 아우구스티누스에게 노래는 사랑을 체험하는 중요한 자리입니다. 아우구스티누스는 "사랑하는 사람만이 노래를 부른다"(cantare amantis est)라는 명언을 남겼습니다. 우리는 이것을 뒤집어서 '노래가 사랑을 낳는다'고 받아들일 수도 있습니다.

  이런 사랑을 자연에서 체험하는 사람도 있습니다. 봄이면 만개하는 꽃들의 아름다움 속에서, 생명의 충만함 속에서 차마 이름 붙일 수 없는 사랑이 그들에게 흘러옵니다. 한번은 우리 수도원의 피델리스 아빠스가 페루에 다녀온 이야기를 들려주었습니다. 인디오가 그에게 가르쳐 주기를, 마음을 온전히 열고 지금 이 순간에 머무르며 나무 그늘 아래 서 있으면, 사랑이 나무를 통해 우리에게 흘러든다는 것이었습니다. 처음에는 회의적이었습니다. 하지만 시도해 보았습니다. 그러고는 정말로 하느님의 사랑이라고밖에 설명할 수 없는 사랑을 느꼈습니다.

  한 강연이 끝나고 내게 이런 체험을 새삼 확인해 준 여성이 있습니다. 그녀는 자연 속에 머물면 사랑에 둘러싸이고 사랑에 사로잡히는 것을 느끼곤 한다고 했습니다. 하느님은 당신의 피조물로 우리를 감싸 안으십니다. 그분의 피조물 속에서 우리에게 사랑이 흘러옵니다. 어떤 사람들은 동물을 통해, 예컨대 자신이 키우는 개나 양을 쓰다듬을 때 사랑을 체험합니다. 우리는 어디서나 사랑과 마주칠 수 있습니다. 다만 필요한 것은 사랑을 우리 안에 받아들이는 열린 마음입니다.

사랑의 치유력을 체험할 수 있는 길은 그 밖에도 많이 있습니다. 많은 사람에게 바로 음악이 그런 통로가 됩니다. 나는 모차르트의 음악에서 그가 아름다운 선율로 옮겨 놓은 사랑을 듣습니다. 모차르트의 오페라를 듣든, 종교음악이나 교향곡을 듣든, 아니면 바이올린이나 피아노나 클라리넷 협주곡을 듣든 모두 마찬가지지요. 「피가로의 결혼」에서 백작 부인이 부르는 아리아는 갈망과 긴장으로 가득 찬 사랑을 표현하고 있습니다. 아리아를 들으며 나는 사랑을 향한 나 자신의 갈망과, 사랑이 내 안에 불러일으키는 온갖 감정과 맞닿게 됩니다. 그때는 두 사람이 서로 마음을 빼앗고 빼앗기는 것 이상의 사랑이 어렴풋이 드러납니다.

그렇다고 모차르트가 온전한 사랑을 마법처럼 불러일으키는 것은 아닙니다. 오히려 그의 음악은 사랑에 매혹되고 또 상처받는 우리에게 사랑의 신비를 들을 수 있게 합니다. 그러니 누군가 자신을 더 이상 사랑하지 않아서 자신 안에 있는 사랑을 느끼지 못하겠다고 한탄하는 사람이라면 모차르트의 오페라에 귀 기울일 일입니다. 그러면 다시금 사랑을 믿게 됩니다. 뿐만 아니라 자신 안에 있는 사랑을 느끼게 됩니다. 자신의 마음속에서 느끼는 이 사랑은 무엇으로도, 사랑에 대한 환멸이나 거부로도 빼앗을 수 없습니다. 모차르트는 사랑을 사유思惟하지 않았습니다. 사랑을 직관으로 파악하여 음악으로 들을 수 있게 만들었습니다. 모차르트의 오페라 아리아가 노래하는 것은 순전히 인간적인 사랑입니다. 하지만 그 인간적 사랑은 이미 사랑의 힘으로 둘러싸여 있는데, 그 안에서 인간적 사랑과 신적 사랑이 하나가 됩니다. 지극히 인간적인 사랑 속에서도 신적 사랑의 신비를 엿들을 수 있습니다.

　미술에서 사랑을 체험하는 사람도 있습니다. 헨리 나웬은 자신과 고향이 같은 빈센트 반 고흐를 상기시킵니다. 고흐는 평생 한 여성의 사랑도 체험하지 못했지요. 하지만 자신 안에서 느낀 사랑을 작품에 배어들게 했습니다. 오늘날 고흐의 작품을 마주하고 노란 해바라기의 온기를 우리 안에 받아들이면, 우리는 그가 작품 안에 들여놓은 사랑을 느끼게 됩니다. 그리고 이것이 어떤 사람에게는 자기 마음속에 있는 사랑을 만나는 길이 됩니다. 프라 안젤리코의 작품에서 사랑을 알아보는 사람도 있습니다. 안젤리코가 천사로 불리는 것은 나름의 이유가 있습니다. 그의 작품에는 무엇인가 아주 순수하고 맑은 것이 있고, 또 아주 사랑스러운 것이 있는데, 그래서 우리는 그의 작품을 보며 사랑을 우리 안에 받아들일 수 있습니다.

행복과 상처를 주는 사랑 체험들

이처럼 사랑은 우리를 행복하게 만들 수 있지만, 그만큼 상처를 주는 일도 많습니다. 예컨대 한 여자가 있습니다. 여자는 한 남자에게 사랑을 느끼고, 또 사랑을 받습니다. 하지만 사랑은 한순간 깨집니다. 남자가 더 젊은 여자에게 갑니다. 여자는 모욕당하고 이용당하고 배신당했다고 느낍니다. 하지만 이렇게 상처를 받아도, 사랑하고 사랑받고 싶은 갈망은 사라지지 않습니다. 오히려, 자신이 신뢰할 수 있는 단단한 사랑을 더욱 애타게 갈망하게 됩니다. 이것을 노래하는 유행가가 수없이 많습니다. 이것은 아주 오래되었지만 언제나 새로운 주제입니다. 우리는 우리를 영원토록 충족시켜 줄 사랑을 갈망합니다. 그렇지만 분명한 것은, 우리가 인간으로부터 체험하는 사랑은 언제나 더 큰 사랑으로, 변치 않는 영원한 사랑으로, 결국은 신적인 사랑으로 나아가게 한다는 사실입니다.

사랑이라고 하면 사랑에 빠져드는 상태를 떠올리는 사람이 많습니다. 젊은 시절 한 여자나 한 남자와 사랑에 빠졌을 때, 그들은 구름 위를 떠다니는 것만 같았습니다. 그들 안에 있는 모든 것이 생동했습니다. 마치 마법에 걸린 것 같았지요. 사랑하는 사람만 줄곧 생각났습니다. 그 사람의 곁에 머무는 것이 꼭 생명의 영약 같았습니다. 그들은 활짝 피어났습니다. 행복했습니다. 사랑에 빠져드는 것은 모든 강렬한 사랑의 시작입니다. 하지만 '사랑에 빠져 있는 상태'에서 '사랑하는 상태'로 변화해야 합니다. 심리학자들의 표현을 빌리면, 사랑에 빠져 있다는 것은 우리가 상대방에게 투사한 우리 자신의 자기상에 빠져 있다는 것입니다. 우리는 상대방을 이상화하지 않고 있는 그대로 보는 법과, 상대방이 어떠한 상태에 있든 사랑하고 수용하는 법을 배워야 합니다. 그때는 상대방이 우리의 거울이 됩니다. 그리고 우리는 상대방을 향한 사랑 속에서 자신의 이상화된 자기상이 아닌, 있는 그대로의 자신을 사랑하는 법을 천천히 배웁니다.

　우리는 결혼한 지 오래거나, 독신을 결심한 지 오래인데도 사랑에 빠지는 경우가 허다합니다. 결혼 생활이 행복한데도, 우연히 어떤 남자나 여자를 바라보며 이렇게 느낍니다. '이게 첫눈에 반한 사랑이구나.' 그러고는 자신의 결혼 생활이 깨지지 않을까 두려워합니다. 하지만 사랑에 빠지는 것을 막을 수 있는 명약 같은 것은 없습니다. 중요한 것은 책임감 있게 대처하는 일, 사랑에 빠진 체험을 지금까지 살아온 삶과 조화시키는 일입니다. 사랑에 빠진 감정을 우리 마음에서 뽑아낼 수는 없습니다. 이것은 우리가 결혼 생활이나 독신 생활에서 충족하지 못했던 감정이나 영혼의 갈망을 조금 더 의식하며 살아가고, 또 회복하라는 충고일 수도 있습니다.

　어떤 남자나 여자와 사랑에 빠지면, 우리는 자신에게 사랑의 능력이 있다는 것을 다시금 깨닫습니다. 우리는 깊은 사랑을 느낍니다. 이것은 우리 안에 있는 사랑입니다. 비록 다른 사람이 불러일으켰지만, 이것은 분명 자신의 사랑입니다. 그런데 자신을 상대방에게 종속시키고, 지금까지 살아온 삶을 혼란에 빠뜨리는 사람이 많습니다.

칼 구스타프 융에 따르면, 사랑에 빠지는 것은 언제나 투사와 관계가 있습니다. 우리 안에 있는 것, 하지만 온전히 실현하지 못한 것을 실천하고 있는 사람에게 우리는 빠져듭니다. 그러니 사랑에 빠지는 것은 내가 여태껏 소홀했던 부분을 실천하라는 일종의 촉구입니다. 그것을 끌어낸 것은 다른 사람이지만, 그렇다고 그것이 상대방에게 달려 있는 것은 아닙니다. 살아 있는 한, 누군가를 사랑하는 한 우리는 의존합니다. 그런데 이런 의존은 우리의 존엄성에 상충됩니다. 다른 사람이 우리에게 불러일으키는 것을 더 많이 실천할수록, 그만큼 우리는 더 적게 의존하게 됩니다. 이때는 감사하는 마음으로 다른 사람을 이용해도 됩니다. 우리는 우리 자신과 사랑으로 묶여 있는 사람을 떠나야 한다는 두려움 없이 사랑에 빠져도 됩니다. 사랑에 빠지는 것은 자신의 영혼을 조금씩 풍요롭게 만드는 길입니다.

언젠가, 네 아이를 혼자 기른다는 여자가 어떤 음악가와 사랑에 빠졌다고 내게 털어놓았습니다. 하지만 남자는 여전히 다른 여자와 관계를 맺었고, 여자는 끊임없이 상처를 받았습니다. 남자는 여자를 이용해 먹었습니다. 돈이 필요할 때마다 더없이 달콤한 얼굴을 하고 와서는 온갖 것을 약속했습니다. 친구들이 충고하기를, 그놈은 네 사랑을 받을 자격이 전혀 없으니 놓아 버리라고 했습니다. 그놈을 사랑하면 결국 자신만 해친다는 것이었지요. 하지만 여자는 남자와의 관계가 자신에게 좋지 않다는 것을 머리로는 뻔히 알면서도 떨쳐 내지 못했습니다.

여자는 남자의 무엇에 반했는지, 무엇이 그녀를 매혹했는지 자신에게 스스로 물어야 했습니다. 나의 물음에 그녀는 존재의 가벼움이라고 답했습니다. 그리고 우리는 그녀가 어찌하면 존재의 가벼움을 혼자서 실천할 수 있을지 함께 생각해 봤습니다. 원래 그녀는 존재의 가벼움을 자신에게 허용하고자 하는 깊은 갈망이 있었습니다. 하지만 일에 치여 살다 보니 방법을 찾지 못했습니다. 그런데 사랑에 빠지는 체험 덕에 그녀는 자신 안에서 가벼운 면을 발견하고 펼쳐 나갈 수 있었습니다. 그리고 시간이 흐르며 그녀는 그 남자에게 의존하지 않게 되었습니다. 그것은 억지로 벗어나는 것이 아니었습니다. 그녀가 자신에게서 새로운 가능성을 만나고 내적으로 풍요로워지는 과정이었습니다. 그녀는 전처럼 사랑을 갈구하지 않았고 스스로 살아 나갔기 때문에, 더는 다른 사람에게 매달리지 않았습니다.

사랑의 기술

사랑에 대한 책 중에 정신분석가 에리히 프롬의 『사랑의 기술』보다 널리 읽힌 책은 드뭅니다. 분명 여기에는 진정으로 사랑하며 살아가고자 하는 사람들의 욕구가 반영되어 있습니다. 사람들은 긍정적이거나 부정적인 사랑 체험, 즉 매혹되거나 상처받는 사랑 체험 속에서 사랑의 기술을 배우고자 합니다. 에리히 프롬에게 사랑은 일종의 기술입니다. 사랑은 우리에게 그냥 생기지 않습니다. 이것은 우리가 사랑하는 방식에 달려 있습니다. 또한 프롬에게 사랑이란 한편으로는 자신의 개성을 발휘하는 것이면서, 다른 한편으로는 자신을 상대방에게 내어 주는 것이자 상대방을 받아들이는 것입니다. 프롬은 사랑을 단순히 누군가와 사랑에 빠졌을 때 우리에게 일어나는 현상으로 이해하지 않습니다. 프롬에게 사랑은 인간의 능동성을 요구하는 일종의 능력입니다.

프롬은 다양한 형태의 사랑과 사랑의 위험 요소를 설명합니다. 프롬은 (결국 모든 사람을 향한 사랑인) 이웃에 대한 사랑에서 시작하여, 어머니의 사랑과 아버지의 사랑으로 나아가고, 다음으로 에로틱한 사랑을 다룹니다. 에로틱한 사랑이 그저 상대방에게 머무는 것으로 그친다면, 두 개의 이기주의가 되어 버릴 수도 있습니다. 에로틱한 사랑은 자신의 마음을 끄는 어떤 사람에 대한 구체적 사랑을 통해 인간의 기본 감정, 즉 존재하는 모든 것에 대한 사랑이 됩니다. 프롬은 지그문트 프로이트가 부정적으로 여긴 자기애에 대해 언급합니다. 예수님은 우리에게 자기애를 요구하시는데, 이것은 타인을 진실로 사랑하기 위한 조건입니다. 또한 프롬은 하느님을 향한 사랑에 대해서도 이야기합니다. 하느님을 향한 사랑에는 그분을 어머니나 아버지와 동일시하는 미성숙한 사랑도 있지만, 신비주의가 묘사한 것과 같은 성숙한 사랑도 있습니다. 이것은 당신의 본질로부터 사랑이신 하느님, 인간의 언어로 형용할 수 없는 하느님과 일치를 이루는 사랑입니다.

에리히 프롬은 사랑의 기술을 터득하는 방법에 대해

값싼 조언을 내놓지 않습니다. 어떤 기술이든 거듭 연습해야 합니다. 또한 어떤 기술이든 네 가지 전제 조건이 있습니다. 훈련, 집중, 인내 그리고 그 기술의 중요성에 대한 확신입니다. 사랑의 기술은 나르시시즘을 극복하고 타인의 신비를 향해 마음을 열지 않으면 터득할 수 없습니다. 나아가 프롬은 사랑의 기술에 대해 한 가지 조건을 더 언급하는데, 바로 믿음입니다. 여기서 말하는 것은 일차적으로 하느님에 대한 믿음이 아니라, 상대방 안에 있는 선에 대한 믿음, 그리고 나 자신에 대한 믿음과 내가 가진 사랑의 능력에 대한 믿음입니다.

프롬에게 다른 사람을 믿는다는 것은 "상대방의 근본적 태도와 본질적 인격과 사랑이 신뢰할 만하고 변하지 않으리라고 확신하는 것"(Fromm 135)입니다. 이것은 또한 상대방에게 잠재한 가능성, 사랑으로 깨울 수 있는 가능성을 믿는 것이기도 합니다. 상대방에 대한 이런 믿음에는 용기가 필요합니다. 우리 안에는 사랑받지 못하는 것에 대한 두려움뿐 아니라, 사랑 자체에 대한 두려움도 있습니다. 누군가를 사랑을 하면 상대방을 통제하려는 욕구를 포기하고 자신을 희생해야 할 것 같은 두려움을 느끼게 되는 것입니다.

> 사랑한다는 것은 어떤 조건 없이 자신을 상대방에게 내어 주는 것, 우리의 사랑이 우리가 사랑하는 상대방의 내면에도 사랑을 일으키리라고 희망하며 자신을 온전히 내어 주는 것이다. 사랑은 믿음의 행위이니, 믿음이 작은 사람은 사랑도 작다(Fromm 140).

사랑과 믿음은 서로 결속되어 있고 사랑은 모든 것을 믿는다는 바오로 사도의 통찰을 에리히 프롬이 사랑의 기술을 설명하며 확증한 것입니다.

사랑하고 사랑받고자 하는 갈망

내가 중요하게 생각하는 심리학적 접근이 하나 더 있습니다. 철학자와 심리학들이 한결같이 말하듯, 우리는 누구나 사랑하고 사랑받기를 갈망한다는 것입니다. 또한 사랑하고 사랑받는 과정에서 누구나 행복과 환멸을 경험한다는 것입니다. 사랑은 우리를 매혹할 수도 있지만, 기대하는 식으로 충족되지 않으면 우리에게 상처를 입힐 수도 있습니다. 사랑을 향한 우리의 갈망이 목적하는 바는, 영원히 만족할 만큼 사랑해 주는 사람을 만나는 것이 아닙니다. 우리의 인간적 사랑은 결코 만족하는 법이 없습니다. 사랑의 성취뿐 아니라, 우리가 흔히 경험하는 사랑의 환멸도 우리를 인간 사이의 사랑보다 더 큰 사랑으로 나아가게 만듭니다. 사랑을 성취하거나 사랑에 환멸을 느끼는 체험의 목적은 우리가 사랑이 되는 것, 우리가 사랑을 우리의 온 현존을 특징짓는 특질로, 또한 우리 안에서 솟아나는 샘으로 체험하는 것입니다.

한 부인이 내게 말하기를, 어느 날 산책을 하다가 문득 자신이 온전히 사랑이라는 느낌이 들었다는 것이었습니다. 그녀가 어느 특정한 사람을 사랑하고 있었던 것은 아닙니다. 그저 그녀가 사랑이었던 것입니다. 사랑이 그녀 안에서 샘솟아 그녀를 에워싼 모든 것으로 흘러들었습니다. 사랑이 그녀의 몸을 가득 채웠고, 그녀로 하여금 자신의 몸을 새로이 느끼게 했습니다. 그녀에게서 나온 선의가 모든 것으로, 그녀를 둘러싼 자연과 그녀가 마주친 사람에게로 발산되었습니다. 그녀는 자신의 내면에서 안식과 사랑을 맛보았습니다. 묵상하는 동안 이것과 비슷한 체험을 했다는 여성도 있었습니다. 한순간 그녀는 자신이 묵상하고 있는 공간이 온통 사랑으로 가득 차 있다고 느꼈습니다. 그녀 자신이 사랑이었고, 그녀를 에워싼 모든 것이 사랑이었습니다. 이것은 그녀의 자기 인식과 그녀를 감싼 세계에 대한 인식을 바꾸어 놓았습니다.

노인의 얼굴에서 사랑이 스며 나오는 것을 느낄 때가 있습니다. 그들의 얼굴에는 대개 고통의 흔적이 남아 있기 마련입니다. 그럼에도 주름살 가득한 얼굴을 뚫고 사랑이 발산됩니다. 사랑이 그들의 손에서 흘러나온다고 느낄 때도 있습니다. 언젠가 아토스 산에 머무를 때 어느 나이 든 손님 신부님께서 내게 인사를 건넸습니다. 그분과 나는 어떤 언어로도 의사소통할 수 없었지만, 그분과 악수를 나누자 나에게 사랑이 전해졌습니다. 아니, 그분의 손이 바로 사랑이었습니다. 그분 자체가 사랑이 되었습니다. 있는 그대로의 그분으로부터, 그분의 모든 것으로부터 사랑이 흘러나왔지요. 어느 유다교 라삐에 대해 전해 오는 이야기가 하나 있는데, 그에게 가르침을 받으려고 온 사람들이 그에게는 다가가지 않은 채 그저 그가 신발 끈을 매는 모습만 보았다는 것입니다. 그가 자애롭게 신발 끈을 매는 모습에서 사람들은 그가 영적인 인간이라는 것을, 또한 온전히 사랑이라는 것을 깨달았습니다.

다른 누군가가 온전히 사랑이 되는 것을 체험한 사람은, 결국 영적 체험을 한 것입니다. 이러한 체험을 계속해서 붙들고 있을 수는 없지만, 그래도 우리는 이런 영적 체험에 사로잡히곤 합니다. 우리 내면이 온통 행복으로 가득 차고, 요한이 첫째 편지에서 말한 바를 어렴풋이 알아차리게 됩니다. "하느님은 사랑이십니다. 사랑 안에 머무르는 사람은 하느님 안에 머무르고, 하느님께서도 그 사람 안에 머무르십니다"(1요한 4,16). 결국 우리는 모든 사랑의 근원이자 샘이신 하느님을 직접 체험한 것입니다.

사랑을 성취하거나 사랑에 상처받는 체험의 목적은, 다시 말해 사랑에 매혹되거나 환멸을 느끼는 체험의 목적은 하느님이라는 사랑의 샘을 만나는 것입니다. 누군가가 우리를 사랑하든 안 하든, 또는 우리가 누군가를 사랑하든 안 하든 사랑의 샘과는 무관할 뿐입니다. 이러한 깨달음은 우리를 자유롭게 합니다. 사랑을 별로 체험하지 못했다고, 사랑을 향한 갈망이 충족된 적이 없어서 건강하게 사랑할 능력이 없다고 한탄할 일이 없습니다. 사랑을 향한 갈망은 사랑의 성취나 환멸을 통해 우리 안에서 깨어납니다. 나는 제대로 사랑받지 못해서 괴로워하는 사람들을 영적 동반 과정에서 많이 만납니다. 나는 그들의 고통을 진지하게 받아들이지만, 더불어 그들에게 사랑을 향한 갈망을 일깨웁니다. 그들 안에는 갈망이 있습니다. 이것은 누구도 빼앗을 수 없습니다.

언젠가 생텍쥐페리는 말했습니다. "사랑을 향한 갈망 안에 이미 사랑이 존재합니다." 우리는 누구나 사랑을 갈망합니다. 그리고 이 갈망 안에서 다른 사람에 대한 사랑을 느끼고, 또한 우리 자신이기도 한 사랑을 느낍니다. 자신이 사랑하는 사람이 아무런 대꾸도 하지 않아 죽을 만큼 불행하다고 느끼는 사람들도 있습니다. 이런 경우에도 나는 조언을 구하는 사람들에게 그들 안에 있는 사랑을 향한 갈망과, 이 갈망 안에 이미 현존하는 사랑을 일깨웁니다. 이러한 사랑을 맛보면 그들의 삶이 변화합니다. 그들은 복된 체험을 합니다. 이제는 다른 사람의 사랑에 매달리지 않습니다. 바로 그들이 사랑이 됩니다. 그들은 사랑 안에 머물며 하느님 안에 머뭅니다. 그때는 그들의 삶을 풍요롭게 하고 치유하는 샘에 이르게 됩니다.

남편과 사별한 뒤 그의 외도를 증명하는 편지를 발견했다는 부인이 있었습니다. 당연히 그녀는 깊이 상심했습니다. 남편이 그런 짓을 하리라고는 한 번도 생각해 본 적이 없었습니다. 하지만 괴로움에 빠져 있고 싶지는 않았습니다. 결혼 생활을 죄다 부정하거나, 자신이 체험한 사랑을 끊어 내고 싶지도 않았습니다. 나와 대화를 나누며 그녀가 깨달은 것은, 그럼에도 남편을 사랑한다는 사실이었습니다. 그리고 그녀는 사랑을 성취하고 사랑에 상처 받는 체험을 가로질러 자신 안에 있는 사랑의 샘을 만났습니다. 이 사랑은 무엇으로도, 남편의 외도로도 빼앗을 수 없었습니다. 이것이 그녀에게는 자신의 영혼 안에서 신적 능력으로 존재하는 사랑에 이르는 길이 되었습니다. 고통과 슬픔과 상심을 가로질러, 마침내 그녀는 내적 평화에 이르렀습니다. 이 사랑은 자신의 것이며, 자기 삶에 신적 풍미를 선사하기 때문입니다. 그녀는 망상에 빠져, 죽은 남편의 외도에 집착하는 대신 그런 생각이 떠오를 때면 곧바로 영혼의 바탕으로 향했습니다. 이것은 환멸에 대한 회피가 아니라, 치유와 변화의 길이었습니다. 그리고 나는 바오로 사도가 설명한 사랑의 치유적 기능이 결국 여기에 있다고 생각합니다.

  모든 사랑 체험은 그것이 상처와 환멸을 안겨 주더라도 우리 안에 있는 신적 사랑으로 우리를 인도합니다. 우리 안에 있는 이 사랑은 깨지지 않습니다. 우리는 이 사랑을 신뢰하고 의지할 수 있습니다. 그런데 안타깝게도 느끼기가 어렵습니다. 우리 안에 있고 우리의 삶에 신적 풍미를 선사하는 이 사랑은 우리가 감사히 여기는 사랑의 체험, 즉 우리를 매혹하는 인간적 사랑의 체험뿐 아니라, 우리에게 고통과 환멸을 안기는 사랑의 체험을 통해서도 어렴풋이 느낄 수 있습니다. 신적 사랑을 느끼기 위해서는 인간적 사랑을 체험할 필요가 있습니다. 너무 위태롭다고, 우리에게 상처를 줄 수 있다고 인간적 사랑의 체험을 회피해서는 안 됩니다. 신적 사랑에만 숨어들려고 사랑의 인간적 차원을 건너뛰려는 사람은 결국 무너질 것입니다. 하지만 온갖 체험을 가로질러, 자신의 모든 인간적 체험 속에 심층적 차원으로 현존하는 사랑의 바탕을 고대하는 사람에게는 모든 사랑의 체험이 언제나 치유의 길이 되고, 결국에는 점점 더 깊은 하느님 체험으로 인도하는 신비의 길이 됩니다. 그들은 인간의 언어로 형용할 수 없고 인간의 지력으로 파악할 수 없는 하느님 사랑의 신비를 체험하게 됩니다.

사랑 노래와 부부상담

서두에서 나는 어린 시절 경험을 한 가지 이야기했습니다. 코린토 1서 13장에 대한 혼인미사 강론이 부부 간의 사랑을 지나치게 미화하곤 했다는 것입니다. 그런 주례사는 너무 낭만적이라 전혀 현실감이 없었습니다. 상담 프로그램에서 참석자들에게 서로 대화를 나누어 보라고 하면, 많은 사람이 주로 애정 문제를 이야기합니다. 부부 관계나 부모 자식 관계에서 겪는 어려움을 토로하지요. 나이가 예순다섯이나 되었는데도 질투가 너무 심한 남편이 있습니다. 그러는 자신이 화가 나지만 거기서 벗어나지 못합니다. 남편을 도저히 못 참겠다는 아내도 있습니다.

상처가 쌓이고 쌓여 남편이라면 꼴도 보기 싫습니다. 마침내 마음은 물론 몸까지도, 그녀를 자꾸만 괴롭히는 남편을 거부합니다. 더 이상 남편과 성관계를 맺을 수가 없습니다. 그녀의 몸이 저항하는 탓이지요.

나는 정규 교육을 받은 부부치료 전문가가 아닙니다. 단지 인간관계 문제를 상담하며 얻은 경험과 부부치료에 대한 책을 읽으며 배운 지식에 의지할 따름입니다. 내가 부부치료 전문가들과 대화하다 알게 된 것은 부부는 상담하기 쉽지 않다는 사실입니다. 한 사람은 상담을 원하는데, 다른 한 사람은 아무 문제가 없다고 생각합니다. 혹은 아내가 불평할까 봐 남편이 함께 오기는 하는데, 대화에 진지하게 동참하지는 않습니다. 어떤 부부들은 서로 이성적으로 대화를 나눌 수 없을 만큼 상황이 악화되어 있습니다. 상처가 너무 깊어서 상대방이 사랑을 맹세해도 믿지 못하는 경우도 있지요.

상담 프로그램에 참여하는 남녀 가운데 상당수가 이혼자입니다. 그들은 파경에 이른 결혼 생활에 대해 털어놓지요. 그들은 결혼 생활을 지키려고 노력했습니다. 하지만 언제부턴가 틀어지기 시작했습니다. 노력이 헛수고로 끝나기도 했습니다. 배우자가 집을 나가 다른 여자나 남자에게 가 버린 탓입니다. 애쓴다고 애써도 기회가 사라진 것이지요. 결혼 생활의 실패로 지금껏 살아온 삶이 무너졌다고 토로하는 이들도 있습니다. 그들은 결혼 생활의 성공에 모든 희망을 걸었고, 그것을 위해서라면 무엇이라도 했습니다. 그런데도 찢어지고 말았습니다.

  사랑으로 괴로워하거나 사랑에 실패한 남녀에게, 과연 내가 사랑에 대해 무엇을 말해야 할까요? 이런 상황에서 바오로 사도가 코린토 신자들에게 보낸 편지를 묵상하는 것은 낭만적 환상으로 도피하는 꼴이 아닐까요? 상담 프로그램에서 흔히 다루는 주제는 숭고한 사랑이 아니라, 정말로 평범하게 보이는 일상의 문제입니다. 이를테면 자신이 좋아하는 것과 싫어하는 것을 상대방에게 건강한 방식으로 표현하지 못해서 의사소통이 잘 안 되는 경우가 있습니다. 서로에게 무감각해져서 성생활에 문제가 생기기도 하지요. 정신없이 일하고 아이들을 돌보다 보면 배우자와의 관계가 소원해지기 마련입니다. 그럼에도 사랑은 여전히 어떻게든 존재합니다. 하지만 사람들은 사랑이 완전히 사라진 것처럼 느끼곤 합니다. 하루가 멀다 하고 부대끼며 사랑을 잃어 가지요. 그러니 이런 일상적 체험에 성경 속 사랑 노래가 전하는 숭고한 말씀이 어떤 도움이 될 수 있을까요?

부부가 서로 간의 사랑에 문제가 생겨서 상담을 받으러 오면 상담자에게 모든 희망을 걸게 됩니다. 자신들이 근원적 사랑을 되찾아 다시금 불러일으킬 수 있도록 상담자가 도와주리라고 기대하는 것입니다. 하지만 너무 늦게 찾아오는 경우가 허다하며, 그래서 틀어진 관계를 더는 회복하지 못합니다. 부부치료 상담자는 위기에 빠진 부부를 어떻게 대해야 하는지 교육을 받았습니다. 상담자는 부부가 서로 어떤 식으로 대화하는지, 그저 비난만 일삼는지 아니면 경청할 줄 알고 상대방을 이해하려 하는지 주의 깊게 살핍니다. 부부로 하여금 서로 어떤 대화를 주고받는지 알게 합니다. 그런 다음, 상대방을 비난하거나 상대방의 언행을 판단하지 않으면서 더욱 건강하게 의사소통할 수 있는 방법을 가르쳐 줍니다. 건강한 대화법을 배우는 것은 앞으로 부부가 사이좋게 살아가는 데 분명 큰 도움이 됩니다.

지금까지 나는 코린토 1서 13장이 사랑의 능력을 서술하고 있으며, 이러한 능력은 사랑의 구체적 실현과 관계 없이 인간에게 내재한다고 말했습니다. 그럼에도 코린토 1서 13장은 부부가 그들의 사랑을 더욱 깊어지게 하고 일상에서 구체적으로 실천하게 하는 데도 더없이 도움이 됩니다. 물론 바오로 사도의 언설을 지나치게 이상적으로 설명하는 것은 경계해야 합니다. 행여 그런다면 부부에게 양심의 가책만 전가하는 꼴입니다. 억지로라도 사랑을 유지해야 한다는 인상을 받을 것입니다. 도리어 성경 말씀을 부부의 일상에 맞게 알기 쉽게 풀이해야 합니다. 그래야 성경 말씀이 죄책감을 일으키지 않고, 부부 생활에서 사랑을 이룰 수 있게 인도하는 길이 됩니다.

다만 나는 바오로 사도의 말씀이 부부 간의 사랑을 풍요롭게 만들 수 있도록 몇 가지 구체적인 방법을 제시하고자 합니다. 그러면서 아울러 상담에서 겪는 상황을 염두에 두겠습니다. 부부들은 혼자서 또는 둘이서 상담에 와서 부부 관계에 어떤 문제가 있는지 털어놓습니다. 하지만 바오로 사도의 말씀은 관계의 상처 위에 붙일 수 있는 '경건한 반창고'가 아닙니다. 그런 반창고는 문제를 덮어서 가릴 뿐입니다. 문제를 진실로 겸허하게 직시해야 합니다. 여기서는 "사랑은 뽐내지 않습니다"라는 말씀이 도움이 됩니다. 배우자에 대한 사랑을 솔직하게 말하는 사람은 뽐내는 일이 없습니다. 사랑을 이상화하는 일도 없습니다. 그들은 자신과 배우자가 끊임없이 체험하는 사랑의 선물에 대해서뿐만 아니라, 이러한 사랑을 일상에서 유지하고 계속 생동하게 하는 수고에 대해서도 담담히 고백할 수 있습니다. 자신의 사랑을 정직하게 직시할 때만, 사랑이 부부 서로에게 선사하는 그대로 사랑을 체험하는 법을 발견하게 됩니다.

"사랑은 뽐내지 않습니다"라는 말씀은 나에게 또 다른 의미가 있습니다. 여자가 자신을 칭송해 주기를 바라면서 결혼을 하는 남자들을 나는 자주 봅니다. 그들은 아내에게 자신의 능력과 업적을 과시합니다. 하지만 아내가 자신을 비판하기라도 하면, 자신을 우러르고 칭송해 줄 다른 상대를 서둘러 찾아갑니다. 자신을 비판하고, 어두운 면을 들춰내며, 약점을 밝혀내고, 자신과 타인을 기만하는 부분을 지적하는 아내와 마주하는 것은 고통스러운 일이지요. 그렇지만 서로 같은 눈높이에서 만나는 법과 서로를 칭송하는 대신 자극하는 법을 배우는 것은 상담에서 무엇보다 중요합니다.

부부치료 전문가 한스 옐루셰크는 오늘날 결혼이 신낭만주의적 사고에 위협받는다고 강조합니다. 가령 결혼에는, 언제나 행복을 누려야만 한다는 일종의 '행복 프로젝트'라는 사고가 있습니다. 옐루셰크는 자기과시적 태도라 할 만한 사고에 반대하여 연습 과정으로서의 결혼이라는 상이한 결혼상을 제시합니다. 결혼은 부부가 서로 받아들이고, 더불어 살아가며, 서로 사랑하는 법을 배워 나가는 연습 과정입니다. 이러한 과정에서 부부는 끊임없이 행복을 체험하지만 고단한 일도 많습니다. 연습 과정의 노고마저 기꺼이 감내하는 사람만이 사랑이 이루어지는 체험을 거듭하며 감사하게 됩니다.

또 다른 신낭만주의적 사고는, 일치를 향한 우리의 깊디깊은 갈망을 충족해 주는 행위가 바로 성性이라는 것입니다. 이것은 성에 대한 지나친 기대일 뿐이라고 옐루셰크는 말합니다. 남녀 간의 성적 일치가 우리를 아주 행복하게 만들기는 하지만 우리의 깊디깊은 갈망을 잠재우지는 못합니다. 오히려 새로운 갈망을 불러일으킵니다. 성에는 언제나 초월 가능성이 잠재합니다. 남녀 간의 성적 사랑은 초월에 대해, 하느님께 빠져드는 무아경에 대해 열려 있어야만 서로에게 충만하고 활기차게 체험될 수 있습니다. 성을 소홀히 하는 부부는 불만족스럽기 마련입니다. 그렇지만 성에 집착하는 부부도 환멸을 느끼지요. 활기찬 성을 지지하고 더 넓은 틀을 제공하는 건강한 문화가 필요합니다. 또한 창조성이 필요하고, 궁극적으로는 하느님에 대한 개방성이 필요합니다. 그로써 우리는 성에 대해 지나친 기대를 하지 않으면서 성을 감사히 누릴 수 있게 됩니다.

부부들이 찾아와서 함께 살아가며 겪는 어려움을 토로하면, 언제나 나는 '사랑은 참고 기다립니다'라는 바오로 사도의 말씀을 일깨웁니다. 결혼 생활을 하다 보면 부부가 서로 서먹해지는 시기가 있습니다. 결혼 생활은 관계의 멀고 가까운 거리를 적절히 조절함으로써 유지됩니다. 배우자로부터 거리를 느낀다고 해서 곧바로 결혼 생활을 그만두어야 하는 것은 아닙니다. 오히려 참고 기다리는 마음가짐이 필요하고, 이로써 배우자는 보다 성장할 수 있는 기회를 얻습니다. 그리고 자신도 스스로를 위해 무언가를 할 수 있는 기회를 얻는 것이지요. 부부 간의 대화가 아무런 결실을 거두지 못하는 경우, 나는 이러한 시기를 각자가 자신을 위한 일을 하는 데, 자신을 성장시키는 데 이용하라고 조언합니다. 그렇게 자신을 위한 일을 하고, 자신을 성장시키고 나면 부부는 서로에게 다시금 호기심을 느낄 것입니다. 배우자의 편협함 때문에 다투는 대신, 나 자신의 너그러움을 배우자가 느끼도록 합니다. 내가 너그러워질수록, 배우자의 편협함은 그만큼 나를 더 적게 괴롭히게 됩니다. 또한 나의 너그러움은 배우자로 하여금 천천히 자신의 마음을 열도록 초대합니다. 하지만 여기에는 많은 인내가 필요합니다. 여기서 더불어 필요한 것은, 보이지 않는 것을 믿고 바라는 희망과 배우자를 포기하기보다 배우자 안에서 선한 것이 발현되리라고 신뢰하는 희망입니다.

'사랑은 자기 이익을 추구하지 않습니다'라는 문장 때문에 많은 부부가, 특히 많은 아내가 스스로 무거운 짐을 떠안았습니다. 결코 자신을 생각해서는 안 되며, 언제나 배우자를 위해 존재해야 하고, 배우자의 안위를 보살펴야 한다고 믿었지요. 하지만 바오로 사도의 말씀을 그렇게 편협하게 해석하면 정작 자신의 욕구를 무시하는 꼴입니다. 언젠가는 억압된 욕구가 제 목소리를 내려고 할 것입니다. 억압하면 억압할수록, 그만큼 더 크게 목소리를 내려고 하겠지요. 흔히 우리는 배우자에 대한 헌신을 자신의 욕구와 연결 짓는 법을 찾지 못합니다. 그래서 헌신을 그만두고 그저 욕구를 따릅니다. 자신에게로 돌아와 나 자신만 맴돌고, 나 자신에게 이로운 것만 맴돌지요. 하지만 결국 그 때문에 자신을 해치게 됩니다. 결혼 생활에서 중요한 것은 배우자에게 헌신하는 동시에 자신의 욕구를 존중하고, 가족을 위해서, 그렇지만 또한 자신을 위해서 책임을 지는 일입니다.

로렌츠 바힝거는 부부 간의 헌신을 현실적으로 설명합니다. 헌신은 부부에게 무거운 짐이 되는 것이 아니라, 서로를 받아들이게 한다고 강조합니다. 바힝거에게 헌신이란, 내가 집착하는 어떤 것이 내 안에서 죽는다는 의미입니다.

> 처음에 반했던 그 마음이 가라앉으면, 나 자신과 상대 배우자에 대한 은밀하고 집요하게 부풀려진 환상도 곧 사라진다. 스스로 매우 멋지고 경탄할 만하다고 여기던

저 젊은 날의 나는 서서히 죽어 가고, 조금 더 그윽해진 나에게, '배우자로서의 나' 또한 인정하는 나에게 자리를 양보한다. 사랑도 처음에 빛나던 정열도 그대로 남아 있을 수 없다. 사랑은 죽고 다시 새로워진다(Wachinger, *Ehe* 165).

이것은 배우자를 위해 자신을 완전히 희생하는 것과 다릅니다. 배우자를 위해 자신을 희생할 때, 여기에 얼마나 많은 공격성이 잠재하는지 사람들은 전혀 알아차리지 못합니다. 언젠가는 배우자에게 희생의 대가를 요구하기 마련입니다. 배우자가 모든 것을 바치고 끊임없이 배려함으로써 희생에 보답하게 만들지요. 반면에 헌신은 사랑에 대한 자신의 관념을 끊임없이 내려놓으며, 배우자를 있는 그대로 받아들입니다.

사랑의 성취를 돕는 또 다른 방법은 '사랑은 앙심을 품지 않습니다'라는 말씀에 있습니다. 흔히 결혼 생활은 한 사람이 다른 한 사람에게 어긋난 사랑의 책임을 전가함으로써 파경에 이릅니다. 배우자는 늘 시간이 없습니다. 배우자는 내 욕구를 알아채지 못합니다. 쌀쌀맞기만 하고 거부하기만 합니다. 나와 내 감정을 신경 쓰지 않습니다. "서로에게 죄를 씌우고, 상대에게 환멸의 책임을 넘기는 것은 이혼소송을 하는 부부가 가장 많이 하는 '게임' 중 하나입니다"(Wachinger, *Ehe* 133). 바힝거는 배우자에게 책임을 전가하는 것이나 자신에게 모든 잘못이 있다고 죄책감을 느끼는 것 대신, 제3의 길을 제시합니다.

> 그것은 내가 돌이킬 수 없는 어떤 것은 말하거나 행했다는 사실, 배우자나 다른 사람들에게 무엇인가를 또는 나 자신을 빚지고 있다는 사실에 대한 책임을 깨닫고 감수하는 법을 배우는 일이다. 나의 정체성은 내가 과거에 잘못 행했던 일을 그냥 털어 버리거나 잊어버리지 않는 것과 결부되어 있다. 내가 과거의 나를 마주한다면, 다른 사람들이나 나의 배우자는 나를 대할 때 지금의 나를, 그리고 내가 되고자 하고 또 될 수 있는 나를 마주할 수 있게 될 것이다(Wachinger, *Ehe* 133).

나는 부부 가운데 한 사람이 다른 사람에게 책임을 떠넘기는 모습을 많이 봤습니다. 예컨대 이렇습니다. "우리가 서로 스쳐 지나가듯 살아가는 것은 남편 탓입니다. 남편이 시간이 없어요. 집에 오면 일 때문에 피곤하다고 하고, 깊은 대화를 나누는 데는 관심도 없어요. 그래서 대화가 서로 겉돌 뿐이죠." 반대의 경우도 있습니다. "나는 조금 더 두터운 관계를 맺고 싶은데, 이런 내 욕구가 충족되지 못하는 것은 아내 때문입니다. 아내는 아이들에게만 관심이 있고 나는 찬밥 신세일 뿐이죠." 한쪽 배우자가 다른 사람을 사랑하게 되면, 더욱 노골적으로 책임을 전가하게 되지요.

한번은 자신이 어떤 의사에게 마음이 끌린다고, 아니 그에게 반했다고 남편에게 솔직히 고백한 아내가 있었습니다. 그렇다고 그녀가 자신의 마음을 행동으로 옮긴 것은 아니었습니다. 그저 자신의 감정을 이야기했을 뿐이지요. 하지만 그것이 남편에게는 심한 모욕이었고, 결국 아내와 헤어졌습니다. 남편은 결혼 생활이 깨어진 것이 아내 탓이라고 비난했습니다. 외국 여행을 하다가 외도를 했다는 남편도 있었습니다. 그것이 옳지 않은 일이라는 것을 남편은 분명히 알고 있었습니다. 그래서 다시 아내에게 충실하고자 고백했습니다. 하지만 아내는 남편에게 평생 '참회복 차림'으로 돌아다니라고 강요했습니다. 아내는 남편을 끊임없이 비난했습니다. 두 사람의 관계는 견딜 수 없는 지경에 이르렀습니다. 남편이 아내의 마음에 들지 않는 말을 하면 그녀는 비난으로 응수했습니다. "당신이 그런 짓을 저지르고도 그런 말 할 자격이 있어요?" 이렇게 지난 과오를 계속 따지기만 한다면 관계는 파괴되고 맙니다.

나의 과오를 터놓고 이야기할 수 있으려면, 상대방이 그것을 부당하게 이용하거나 계속해서 죄책감을 심어 주지 않아야 합니다. 상대방이 나의 과오를 곱씹는다면 나는 늪에 빠진 듯 죄책감에 빠져 헤어나지 못할 것입니다. 더 이상 숨도 쉬지 못하고, 내가 가야 할 길을 자유로이 가지도 못합니다. 우리가 상대방을 깊이 상심시켰다면 그 과오와 일상의 작은 잘못에 바르게 대처하는 법을 찾는 것이 중요합니다. 우리는 이러한 과오를 경건하게 덮어 버리거나 서둘러 용서하면 안 됩니다. 그것은 평화를 창출하는 게 아닙니다. 하지만 마찬가지로 우리 자신이나 상대방을 단죄하는 것도 그리 도움이 되지 않습니다. 우리는 과오를 직시해야 합니다. 어쩌다 이 지경이 되었는지를 바로 보아야 합니다. 과오는 겸손으로 이어져야 합니다.

우리는 누구도 자신을 확신할 수 없습니다. 더불어 살아가다 보면 언제나 한계에 부딪히기 마련입니다. 우리 안에 있으리라고는 짐작도 하지 못했던 면을 발견하게 됩니다. 자신을 죄책감으로 괴롭히거나, 상대방에게 '참회복'을 입히지 않고도 이것을 더없이 겸손하게 직시하는 것은 고통스러운 과정이지요. 하지만 오직 고통을 가로질러야 새로운 것이 자라날 수 있습니다. 우리는 자신이 저지른 잘못을 슬퍼해야 합니다. 그래야 새로운 시작이 가능해집니다. 자신이나 상대방에게 품어 왔던 환상과 결별하고, 자신과 상대방을 현실적으로, 그렇지만 동시에 관대하고 자비로운 시선으로 직시해야 합니다. 그리고 자신이 상대방을 얼마나 깊이 상심시켰는지 알아채야 하고, 상대방의 고통을 공감하고 존중해야 합니다. 그래야 비로소 지난 과오가 복된 과오로 변화하고, 새로운 시작이 가능해집니다.

'사랑은 모든 것을 덮어 줍니다'라는 말씀은 소극적 의미로 해석되곤 했습니다. 상대방을 있는 그대로 고스란히 받아들여야 한다는 것이지요. 따라서 우리는 상대방을 바꿀 수 없고, 상대방의 결점을 참아 내야 합니다. 우리가 할 수 있는 일이 달리 없다는 것입니다. 하지만 이러한 소극적 이해는 체념과 우울을 유발할 뿐입니다. 사랑은 언제나 상대방이 무언가를 할 수 있다고 신뢰합니다. 사랑은 상대방을 있는 그대로 받아들입니다. 그러면서 사랑은 상대방 안에서 선한 것이 활짝 피어나리라고 희망하기도 합니다.

  결혼이라는 더불어 사는 삶에서 우리는 자신의 감정을 진지하게 받아들여야 합니다. 그리고 상대방의 행동이 우리를 화나게 할 때, 그저 '정말로 나는 상대방을 있는 그대로 참아 주어야만 해'라고 되뇌는 것은 도움이 되지 않습니다. 분노와 공격성은 언제나 상대방에 대한 요구이기도 합니다. 우리는 상대방이 많은 행동을 고칠 수 있다고 믿습니다. 상대방의 언행이 우리에게 어떻게 작용하는지, 상대방이 번번이 너무 늦게 들어오면 얼마나 화가 나는지 우리는 상대방에게 말합니다. 이렇듯 공격성은 상대방에게 자신을 돌아보고, 자신을 바로 알라고 촉구하는 것이지요. 아마도 상대방은 자신의 말이 우리에게 어떻게 작용하는지 전혀 모르고 있었을 것입니다. 공격성은 우리 자신과 상대방에게 변화의 과정을 불러일으키는 힘입니다. 끊임없이 변화하려는 마음가짐이 없으면 결혼 생활은 유지될 수 없습니다.

  그런데 변화를 바라는 마음과 노력도 매우 중요하지만, 그저 견디고 참아야 할 것도 많습니다. 상대방이 병들게 되면, 병고와 약해진 정신과 우울감과 두려움에 시달리는 상대방을 온전히 받아들이고 견뎌 주는 것이 중요합니다. 그렇지만 상대방의 심리적 문제를 고려하면서도, 우리 자신의 상태도 고려하여 어떤 경우에 묵묵히 참아 주어야 하는지, 또한 어떤 경우에 그래도 상대방에게 요구해야 하는지 잘 살펴야 합니다. 예컨대 상대방이 우울에 빠져 있다면, 최소한 우리는 당신 자신을 위해 무엇을 하라고, 심리치료를 시작하라고 요구할 수 있습니다. 우리는 상대방과 대화를 나누며 판단이나 비판 없이 공감하려고 노력합니다. 하지만 그럴 때도 우리 자신의 감정을 진지하게 받아들여야 합니다. 만약 우리 내면에서 짜증이 느껴진다면, 그것은 상대방이 그 자신에게서 무엇인가를 바꿔야 한다는 신호일 수 있습니다. 하지만 상대방은 차라리 우울한 감정에 계속 빠져 있으려고 하지요. 이런 경우 짜증은 상대방으로 하여금 자신을 돌아보고 도움을 구하라는 촉구이자 자극이 됩니다. 물론 짜증은 우리가 완고한 배우자라는 표상과 작별해야 한다는 신호일 수도 있습니다. 이때는 짜증이 나를 바꾸고 상대방에 대한 나의 관점을 바꾸라는 요구가 됩니다.

우리는 어떤 경우라도 '사랑은 모든 것을 덮어 줍니다'라는 말씀을 모든 것을 군말 없이 감수하는 태도로 받아들여서는 안 됩니다. 참고 덮어 주는 사랑에 의문이 들기 시작하는 시점을 알아차려야 합니다. 더불어 사는 삶이란 우리 자신과 상대 배우자 모두 많은 것을 참고 덮어 주어야 합니다. 하지만 참고 덮어 주는 사랑은 체념하는 것이 아니라, 오히려 힘의 원천입니다. 이것은 결혼 생활을 안정시키고 가정을 지탱해 주는 기둥이 되고, 이로써 두 사람이 그 안에서 잘 살아갈 수 있습니다.

우울증에 시달리는 아내 앞에서 어찌할 바를 모르겠다는 남편이 있었습니다. 남편이 도우려고 하면 아내를 오히려 밀쳐 냈습니다. 그래서 거리를 두고 물러나면 남편을 다시 비난했습니다. 심지어 남편이 건강하다는 사실을 가지고 공격했지요. 그래도 남편은 싫은 소리를 하지 않았습니다. 남편은 아내의 우울증이 어느 정도인지 전혀 알지 못했습니다. 자신이 더 이상 무엇을 해야 할지도 알 수 없었습니다. 남편은 건강하다는 사실만으로 비난받고 있었지요. 사람들은 질병을 다른 사람에게 무기로 사용할 수 있습니다. 이때는 우선 참고 덮어 주는 것이 아니라, 거리를 두고 우리 자신을 보호해야 합니다. 상대방의 질병이 발휘하는 파괴적 에너지에 맞서 자신을 방어해야 합니다. 이런 다음에야 참고 덮어 줄 수 있습니다. 이렇게 자신을 보호하더라도 병고에 시달리는 상대방을 참고 덮어 주는 것은 어려운 일이고, 상대방이 조금 더 다가가고 싶은 자신의 욕구를 충족시켜 주지 못한다는 사실을 받아들이는 것도 마찬가지입니다. 하지만 우리는 상대방의 질병에 지배권을 넘겨주지 않습니다. 그것이 우리를 쥐고 흔들지 못하게 합니다. 그리고 우리 자신을 어떤 정해진 역할에 몰아넣지도 않습니다.

    나는 부부가 서로에 대해, 또는 서로를 향해 말하는 것을 듣고 있으면 정말 깜짝 놀라곤 합니다. 그들의 말에는 깊은 경멸과 분노와 체념이 담겨 있습니다. 한 사람이 다른 한 사람을 깎아내립니다. 상대방의 언행을 사사건건 비판합니다. 상대방의 언행을 그냥 두는 법이 없고, 이해하려는 노력도 전혀 없습니다. 사랑은 애정 어린 관계를 통해 표현됩니다. 그런데 사랑이 표현되는 근본적인 도구는 무엇보다 언어입니다. 사랑에 빠진 사람들은 자신들의 밀어를 만들어 내지요. 하지만 이 또한 지나가기 마련입니다. 일상적인 결혼 생활에서는 다른 언어가, 때때로 피상적이거나 공격적인 언어가 사용되기 일쑤입니다. 또한 두 사람이 각자 딴소리를 지껄이기도 합니다. 상대방이 하는 말에 전혀 귀 기울이지 않습니다. 자신을 화나게 하거나 모욕하는 말만 골라서 듣지요. 그들은 상대방의 말을 서랍에 처박아 둡니다. 자신과 자신의 감정에 대해 표현할 수 있는 기회를 상대방에게 주지 않습니다. 상대방이 말하고자 하는 의도는 이해하려 하지 않고 그저 즉각적으로 반응할 뿐입니다.

따라서 부부들에게 중요한 과제는 자신들의 언어를 의식하는 것입니다. 자신의 어떤 말이 상대방을 판단하고 비난하고 모욕하는가? 어떻게 하면 서로 의사소통할 수 있을까? 어떻게 하면 곤란한 문제도 서로 이야기할 수 있을까? 어떻게 하면 서로 불화하지 않고 잘 싸울 수 있을까? 부부상담에서 오랜 경험이 있는 로렌츠 바힝거는 이렇게 말합니다. "사람들이, 부부들이 더 가까워질지 아니면 더 멀어질지는 그들이 서로에게 말하는 방식에 달려 있다"(Wachinger, *In Konflikten* 9). 바힝거는 어둠 속에서 겁에 질려서 옆방에 있는 이모를 불렀던 어떤 아이에 대한 이야기를 지그문트 프로이트에게서 인용합니다. "'이모, 나한테 뭐라고 말 좀 해 줘요. 나 무서워요.' '그래, 그런데 그게 너에게 무슨 소용이 있겠니? 너는 나를 보지도 못하잖아.' '아니요, 누가 나에게 뭐라고 말만 해 줘도, 밝아져요.'"(같은 책 10).

부부가 사랑의 언어를 말하면 그들의 삶은 더 밝아집니다. 그런데 사랑의 언어는 배워야 하는 것입니다. 사랑의 언어는 상대방에 대한 비난 없이 나와야 합니다. 그리고 마음으로부터 나와야 하며, 자신의 마음을 드러내고 마음의 온기를 전해야 합니다. 그러면 사랑의 언어는 상대방에게 다다를 것입니다. 언어는 사랑을 전할 수도 있고 더 깊어지게 할 수도 있습니다. 하지만 사랑을 파괴할 수도 있지요. 조롱하고 모욕하고 상대방의 신체를 비웃는 언어는 마치 낚싯바늘처럼 상대방의 영혼에 깊이 박힙니다. 상처를 헤집지 않고는 낚싯바늘을 뽑아낼 수 없습니다. 사랑을 떠받치고 더 깊어지게 하는 언어를 찾아내기 위해 우리는 신중하게 살펴야 합니다.

위기에 빠져 있는 많은 부부에게 사랑은 모든 것을 덮어 주고 모든 것을 견디어 낸다는 말씀이 위기를 극복하는 데 도움이 될 수 있습니다. 그들은 성급하게 포기하지 않습니다. 자신들이 더 강해져서 갈등을 가로질러 나가리라 희망합니다. 나는 조언을 구하는 사람들에게 언제나 이런 의미에서 도움을 주려고 노력합니다. 위기는 기회이기도 합니다. 위기를 가로질러 나오면, 자신과 상대방에 대해 많은 것을 배우게 됩니다. 위기는 우리에게 촉구합니다. 우리가 우리 자신과 결혼 생활을 어떻게 이해하고 있는지 정확히 들여다보라고 요구합니다. 나는 진정 누구일까? 나는 그릇된 자기상을 가지고 있지 않을까? 그리고 결혼 생활에 대해서는 어떠한 표상을 가지고 있을까? 분명 위기는 이러한 표상을 깨뜨리고자 하며, 이로써 우리는 자기 자신과 결혼 생활을 조금 더 현실적으로 바라보게 됩니다. 분명 우리는 위기를 가로질러 자신의 진실된 존재의 본질에, 그리고 우리의 더불어 사는 삶의 본질에 이르게 됩니다.

그래서 나는 매번 조언하기를, 결혼 생활을 위해 무엇인가를 투자하고, 자신들 노력만으로 나아지지 않을 때는 부부 문제 상담자를 찾아가거나 부부치료를 받으라고 합니다. 결혼 생활은 소중한 것입니다. 우리는 온 힘을 다해 결혼 생활을 지켜 내야 합니다. 그럼에도 상황이 정말로 안 좋거나, 그래서 병이 나거나, 지나친 압박감에 죽을 것만 같으면 이별을 생각해야 합니다. 하지만 이런 경우라도 일단은 잠시 시간을 두고 떨어져 있는 편이 좋다고 생각합니다. 상황을 조금 더 명확히 인식하기 위해서는 때로 각자에게 여유가 필요합니다. 끝없는 다툼에서 헤어나지 못한다면 떨어져 있는 편이 서로 거리를 두고 상대방의 소중함을 다시금 깨닫는 데 도움이 됩니다.

그런데 사랑은 모든 것을 참고 덮어 준다는 말씀이 억압으로 작용하는 사람들도 많습니다. 그들은 결혼 생활이 위기에 빠진 것에 대해 죄책감을 느낍니다. 어떤 일이 있어도 포기해서는 안 된다는 의무감이 있습니다. 그래서 상대방이 아무리 자신을 모욕하더라도 모든 것을 참습니다. 특히 종교적인 사람들이 이런 죄책감에 빠지는 경우가 많습니다. 그들은 결혼 생활이 위기에 처한 것이 너무나 죄스러워 그 죄과를 자신이 지느니, 차라리 어떤 일이라도 감수하려고 합니다. 하지만 이렇게 죄책감에 짓눌려 있는 사랑은 잘될 리 없습니다. 이런 사랑은 결혼 생활도, 그들 자신도 치유하지 못합니다. 이런 사랑은 오히려 그들 자신을 죽일 듯 내리누르는 짐이 됩니다. 중요한 것은 우리가 그저 인간일 뿐임을, 모든 것을 견뎌 낼 수는 없음을 인정하는 일입니다. 우리는 하느님께서 주시는 짐을 기꺼이 지고 가려고 합니다. 그렇지만 하느님께서 감당하지 못할 짐을 주시지는 않습니다. 우리가 그분이 주신 짐에 눌려 쓰러진다면, 분명 이것은 하느님의 뜻이 아니라 하느님의 뜻에 대한 우리의 관념일 뿐입니다. 바오로 사도가 전하고자 한 바는 너무 성급하게 포기해서는 안 된다는 권고입니다. 그렇다고 이것이 머리 위에서 우리를 위협하는 '다모클레스의 칼'인 것은 아닙니다. 죄책감으로 괴로워하다 궁지에 몰린 사람들에게, 나는 늘 요한 1서 3장 20절 말씀을 묵상거리로 줍니다. "마음이 우리를 단죄하더라도 그렇습니다. 하느님께서는 우리의 마음보다 크시고 또 모든 것을 아시기 때문입니다."

혼인미사 강론을 들어 보면 아주 숭고한 어조로 사랑은 언제까지나 스러지지 않는다고 확언합니다. 하지만 통계에 따르면 혼인의 불가해소성이라는 이상은 갈수록 무너지고 있습니다. 또한 혼인의 불가해소성은 많은 사람에게 오히려 불안과 부담을 안겨 주는 요구인데, 왜냐하면 우리는 누구도 자신을 확신할 수 없기 때문입니다. 어떻게 하면 언제까지나 스러지지 않는 사랑에 대해 더욱 현실적으로 이야기할 수 있을까요? 많은 사람이 사랑이 약해지거나 깨어지는 경험을 합니다. 감정으로서의 사랑은 스러집니다. 감정이란 흔들리는 것이지요. 그러니 사랑은 결코 스러지지 않는다는 확언을 감정과 관련지을 수는 없습니다.

로렌츠 바힝거는 이러한 확언을 명확한 정체성을 향한 인간의 갈망과 연결 짓습니다. 결국 중요한 것은 온갖 사랑 체험을 가로질러 우리 자신에게 도달하는 것, 우리 안에서 고향을 발견하는 것, 우리 자신에게 도착하는 것입니다. "사랑의 숙명은, 또한 별거와 이혼의 숙명은 정체성을 향한 갈망의 일부다. … 대개 이혼은 단순히 관계의 실패나 신의의 배반이 아니라, 인간존재를 향한 여정에서 직면하는 위기다"(Wachinger, *Ehe* 149). 우리는 어떤 사람과의 사랑 속에서 우리의 진실한 자기를 발견하기를 갈망합니다. 그렇지만 잘 발견하지는 못합니다. 그래서 우리는 또다시 헤어지고, 다른 사람과의 관계에서 우리 자신을 찾으러 갑니다.

  감정은 수시로 변하지만 우리는 정체성을 발견하기를 갈망합니다. 혼인의 불가해소성이라는 표상은 정체성을 향한 여정에서 우리를 도와주고자 합니다. 여기서 불가해소성을 절대적 의미로 받아들여서는 안 됩니다. 행여 그렇다면 불가해소성은 우리를 불안하게 만들고 무거운 짐이 될 것입니다. 하지만 이상으로서의 불가해소성은 정체성을 찾아가는 여정에서 우리를 지켜 줍니다. 우리는 오락가락하는 감정에 좌우되지 않습니다. 우리는 영속적 인격으로 창조되어 있습니다. 우리는 언제까지나 존속하는 정체성, 죽음을 넘어서도 존속하는 정체성을 추구하고 있습니다. 사랑은 언제까지나 스러지지 않는다는 바오로 사도의 확언과 혼인의 불가해소성이라는 이상을, 오늘날 더 이상 공감할 수 없다는 이유만으로 외면해서는 안 됩니다. 바힝거는 혼인의 불가해소성에 대한 예수님의 말씀에서 시간의 변화를 넘어 존속하는 정체성을 추구하는 우리에게 도움이 되는 부분을 언급합니다.

> 시간에 예속되어서는 안 된다고, 결혼을 사용 시간과 소모 시간이라는 도식으로 살아서는 안 된다고 예수께서 촉구하시는 것은 나의 정체성을 일깨우시려는 것이다. 믿는 이는 결혼을 내가 창조된 때부터, 시계 위의 시간 밖에 있는 나의 '처음'부터 주어진 것이자 선사된 것으로, 그리고 나의 '끝이자 목적지'로 이해한다. 이러한 정체성을 바탕으로 결혼 생활을 한다면, 결혼은 시간의 부침浮沈에서 벗어나고 해소할 수 없는 것이 되며 신뢰와 신의와 인내와 결속을 취소할 수 없는 것으로 만들 것이다. 바로 이것이 우리가 갈망하는 바이다. 이것은 우리가 인간이 되고 자유로워지기 위해 어린 시절부터 필요했던 것이다(Wachinger, *Ehe* 150).

어떤 계명으로써 혼인의 불가해소성을 보호할 수는 없습니다. 혼인의 불가해소성은 자신의 정체성을 계속 펼쳐 나가라는 촉구입니다. 하지만 이러한 과업을 받아들인다고 언제나 성취할 수 있는 것은 아닙니다. 그럼에도 우리는 이것을 실천해야 하며, 그런 다음에야 하느님의 자비를 의탁할 수 있습니다. 그분의 자비는 우리를 단죄하는 것이 아니라, 우리 자신의 정체성을 계속해서 찾아다니라고 격려합니다.

바오로 사도가 사랑을 하느님께서 예수 그리스도를 통해 우리에게 선사하신 사랑으로 찬미할 때 일차적으로 결혼 생활을 염두에 둔 것은 아닙니다. 그럼에도 바오로 사도의 말씀은 결혼 생활이라는 두 사람이 함께하는 여정을 주의 깊게 성찰하며 만들어 나가라는 요구가 될 수 있습니다. 성경이 들려주는 사랑 노래는 세상과 동떨어진 것이 아닙니다. 다만 부부들이 처한 현실에 맞게 풀이되어야 합니다. 그러면 사랑 노래는 다양한 상황에 처한 부부들에게 더불어 사는 삶을 성취할 수 있는 길을 가르쳐 줄 수 있습니다. 바오로 사도의 말씀은 완전한 세상에 대한 허상을 심어 주지 않습니다. 오히려 부부들이 자신들의 사랑을 구체적으로 실천할 수 있는 길을 사려 깊게 서술할 뿐입니다.

우리가 상대방을 믿지 않고는 상대방에게 희망을 걸지 못하며, 또 상대방을 위해 희망을 걸지 않고는 결혼 생활에서 사랑은 이루어지지 못합니다. 사랑은 부부를 그들의 진실로 점점 더 이끌고자 합니다. 사랑은 부부가 자신들의 진실과 마주할 수 있다고 믿습니다. 결혼은 사랑이라는 아름다운 감정 속으로 도피하는 것을 의미하지 않습니다. 도리어 결혼의 일상 속에서 부부의 온갖 어두운 면들이 드러날 것입니다. 우리는 마치 거울을 보는 것처럼 상대방에게서 자신의 결핍을, 다른 사람에게 사랑을 받고자 하는 갈망과 어린 시절 겪었던 사랑의 결핍을 깨달을 것입니다. 자신의 진실, 그리고 상대방의 진실을 직시하는 것은 매우 고통스러운 과정이지요. 하지만 이것은 사랑을 결국 더 깊어지게 하며, 상처를 드러낼 뿐 아니라 치유하기도 하는 사랑을 체험하게 합니다.

나오며

사랑하는 독자 여러분이 거듭 복된 체험을 하기 바랍니다. 여러분 안에는 신성이 깃들어 결코 마르지 않는 사랑의 샘이 있습니다. 이러한 사랑과 끊임없이 만나기 바랍니다. 여러분 안에 있는 사랑의 불길을, 여러분의 육체와 영혼을 사로잡고, 내면의 모든 것을 따뜻하게 하며, 말씨에도 온기가 돌게 하는 사랑의 불길을 느끼기 바랍니다. 또한 여러분 안에 있는 신적 사랑뿐 아니라, 인간적 사랑이라는 선물도 맛보기 바랍니다. 우리 안에 있는 사랑의 샘은, 우리가 인간적 사랑을 체험함으로써 쉼 없이 솟아오를 때 비로소 생동합니다. 그리고 사랑의 불길은, 우리가 사랑으로 충만한 사람들을 만남으로써 쉼 없이 타오를 때 비로소 우리 안의 모든 것을 따뜻하게 합니다.

우리에게는 두 가지 모두 필요합니다. 한편으로는 사랑하고 사랑받는 인간적 체험이 필요하고, 다른 한편으로는 모든 사랑 체험의 바탕이 되는 사랑에 대한, 다시 말해 우리의 인간적 사랑을 지탱하는 신적 사랑에 대한 깨달음이 필요합니다. 사랑에 대한 우리의 인간적 체험은 언제나 유한할 따름입니다. 아무리 온갖 영성과 심리학적 지식과 철학적 지식을 추구한다 하더라도, 번번이 우리는 사랑의 아름다움뿐 아니라 불안정함에도 직면하지요. 그렇지만 낙담해서는 안 됩니다. 오히려 이러한 충만과 환멸을 통해 사랑을 모든 존재의 근원으로 어렴풋이 느껴야 합니다. 사랑의 근원, 즉 신적 사랑은 너무나 불안정한 인간적 사랑 안에도 불씨로 현존합니다. 사랑의 근원에 대한 신뢰는 행복과 더불어 환멸에 직면하는 사랑 체험을 솔직하고 진지하게 직시할 수 있게 합니다. 우리는 사랑의 진실과 마주할 수 있습니다. 실패한 사랑에도 신적 사랑의 불씨가 잠재한다는 것과 실패를 가로질러 우리 안에 있는 사랑의 샘에 이를 수 있다는 것을 알기 때문입니다.

이토록 불안정한 우리의 사랑 안에 신적 사랑의 능력이 현존한다는 신뢰는, 부부가 서로 사랑을 주고받는 모험에 투신할 수 있도록 도움을 줍니다. 사랑이 어느새 손틈새로 사라지지 않을지, 사랑의 기쁨을 언제까지 누릴 수 있을지 불안에 떨 까닭이 없습니다. 부부는 구체적 사랑에, 그들의 굴곡진 사랑에 투신할 수 있습니다. 어떤 상황에 처하더라도 신적 사랑의 불씨를 알아보기 때문입니다. 사랑의 충만과 환멸은 사랑의 내적 원천을 일깨웁니다. 어떠한 사람도, 어떠한 실패나 상처도 사랑의 내적 원천을 빼앗을 수는 없습니다.

성경 속 사랑 노래에 대한 묵상은 누구에게나, 자의에 따라 독신으로 살아가는 사람이나 생애 어느 시점에 독신의 삶을 받아들여야 했던 사람에게도 도움이 됩니다. 바오로 사도는 사랑을 향한 갈망을 통해 영혼의 바탕에 있는 사랑에 이르는 길을 가리켜 줍니다. 사랑이 없는 사람은 없습니다. 사랑은 우리 누구에게나 있으며, 우리 삶에 의미와 충만을 선사합니다. 우리는 사랑의 결핍을 통해서도 우리 영혼의 바탕에 있는 사랑으로 나아갈 수 있습니다. 우리 존재의 심연에 있는 사랑으로 이르는 길은 사랑의 결핍에 대한 슬픔을 거쳐 갑니다. 바오로 사도는 하느님 사랑에 대한 희망으로 독신자를 위로하지 않습니다. 누구나 인간적 사랑을 체험합니다. 그런데 그러한 체험은 우리가 바라던 것에서 빗나가기 일쑤입니다. 하지만 우리는 결핍된 사랑 체험을 통해서도 우리 안에서 솟아오르는 신적 사랑의 샘을 어렴풋이 느낍니다.

바오로 사도가 선사한 사랑의 노래는 우리 안에 있는 신적 사랑의 불씨를 우리에게 끊임없이 일깨워서 다시금 타오르게 만듭니다. 그때는 우리가 인간적 사랑을 진실로 체험합니다. 사랑에 절망하지 않습니다. 불안정한 사랑이라도 거부하지 않습니다. 연인 간의 사랑, 부부 간의 사랑, 성적 사랑, 정신적 사랑 등 이 모든 사랑 체험 속에서 우리는 하느님 안에 세워진 사랑을, 하느님께서 우리 삶에 신성을 깃들게 하는 능력으로 선사하신 사랑을 만나게 됩니다. 그리고 이러한 사랑 안에서 우리는 만물을 지탱하는, 모든 존재의 근원을 어렴풋이 느끼게 됩니다. 존재를 사로잡는, 그리하여 모든 존재의 근본 바탕이 되는 사랑에는, 실로 바오로 사도의 말씀이 합당합니다. "사랑은 언제까지나 스러지지 않습니다."

참고문헌

Hans CONZELMANN, *Der erste Brief an die Korinther*, Göttingen 1969.

Erich FROMM, *Die Kunst des Liebens*, Stuttgart 1980.

Albert GÖRRES, *Das Böse*, Freiburg im Breisgau 1984.

Anselm GRÜN, *Im Haus der Liebe wohnen*, Stuttgart 1999.

Johannes HIRSCHBERGER, Der platonische Eros, in: *Was heißt Liebe? Zur Tradition eines Begriffes*, hrgs. von der Rabanus Maurus-Akademie, Frankfurt am Main 1982, 30-46.

Hans JELLOUSCHEK, *Die Kunst als Paar zu leben*, Stuttgart 2002.

Othmar KEEL, *Das Hohelied*, Zürich 1986.

Hans-Josef KLAUCK, *1. Korintherbrief*, Würzburg 1984.

Günter KRINETZKI, *Hoheslied*, Würzburg 1980.

Pinchas LAPIDE, *Das Hohelied der Liebe*, München 1993.

Johannes B. LOTZ, Die Liebe als Herausforderung des Menschen, in: *Was heißt Liebe? Zur Tradition eines Begriffes*, hrsg. von der Rabanus Maurus-Akademie, Frankfurt am Main 1982, 9-29.

Gabriel MARCEL, *Philosophie der Hoffnung*, München 1957.

Günter MECKENSTOCK, Liebe. VII. Neuzeit, in: *Theologische Realenzyklopädie* XXI, 156-170.

Karl RAHNER, Liebe, in: *Sacramentum Mundi. Theologisches Lexikon für die Praxis*, hrsg. von K. Rahner u.a., Bd. 3, Freiburg im Breisgau 1969, 234-252.

Peter SCHELLENBAUM, *Das Nein in der Liebe. Abgrenzung und Hingabe in der erotischen Beziehung*, München 2001.

Georg SCHERER, Die Liebe im Denken Gabriel Marcels, in: *Was heißt Liebe? Zur Tradition eines Begriffes*, hrsg. von der Rabanus Maurus-Akademie, Frankfurt am Main 1982, 112-133.

Wolfgang SCHRAGE, *Der erste Brief an die Korinther*, Zürich 1999.

Dorothee SÖLLE, *Atheistisch an Gott glauben*, Olten 1968.

Michel SPANNEUT, Geduld, in: *Reallexikon für Antike und Christentum*, Bd. 9, Stuttgart 1976.

Lorenz WACHINGER, *Ehe. Einander lieben – einander lassen*, München 1986.

——, *In Konflikten nicht verstummen. Wie Paare wieder reden lernen*, Düsseldorf 1993.

Viktor WARNACH, Liebe, in: *Handbuch theologischer Grundbegriffe* II, München 1963, 54-75.

Bernhard WELTE, *Dialektik der Liebe*, Frankfurt am Main 1973.